Paris, au XIIIe siècle, en langue allemande publié à Leipzig, en 1856. (A. Springer).

Traduction française sous les initiales V. F. par Mr Victor Foucher, conseiller à la Cour de cassation, membre du Conseil g^l de la Seine.

LE TRESOR

DES PIECES RARES OU INEDITES

PARIS

AU TREIZIEME SIECLE

TIRÉ A 400 EXEMPLAIRES :

370 sur papier vergé ;
12 sur papier de couleur ;
10 sur papier vélin ;
6 sur papier de chine ;
2 sur peau de vélin.

IMPRIMÉ CHEZ AUGUSTE HÉRISSEY, A ÉVREUX

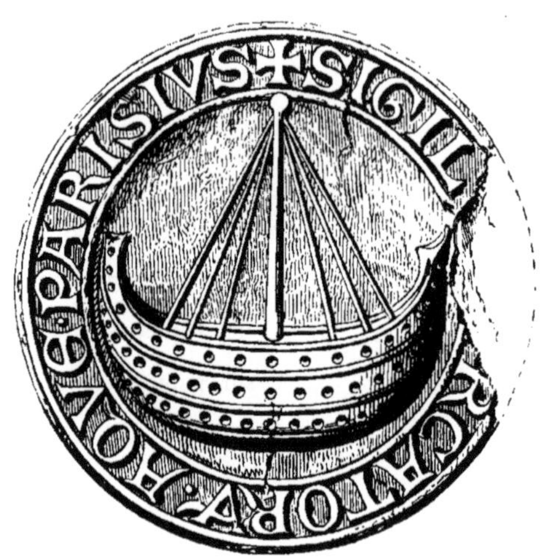

SCEAU de cire jaune appendu sur double queue de parchemin à une charte contenant un accord entre les marchands de Paris et ceux de Rouen, touchant le mesurage et la vente du sel. Cet acte fut passé à Gisors en présence de Philippe-Auguste. M. Léopold Delisle, dans son savant travail sur les actes de ce roi, place cette charte sous le mois de janvier 1210. (L'original se trouve aux Archives de l'empire, carton J, 152, pièce 30.)

Voir sur l'origine des armes de la ville de Paris la dissertation de Le Roy en tête de l'*Histoire de Paris*, par Félibien et Lobineau (2e partie, §§ IX, X et XI).

PARIS

AU TREIZIEME SIECLE

PAR

A. SPRINGER

TRADUIT LIBREMENT DE L'ALLEMAND

AVEC INTRODUCTION ET NOTES

PAR UN MEMBRE DE L'EDILITE DE PARIS

PARIS
CHEZ AUGUSTE AUBRY
L'UN DES LIBRAIRES DE LA SOCIETE DES BIBLIOPHILES FRANÇOIS
RUE DAUPHINE 16

M. D. CCC. LX

INTRODUCTION

Le XIIIe siècle est sans contredit l'époque la plus remarquable du moyen âge. Ce siècle, qui s'ouvre avec Philippe-Auguste, se ferme sous Philippe le Bel, et qu'illumine la sainte figure de Louis IX, a vu la féodalité se briser, le royaume se constituer, la royauté s'émanciper, les institutions qui ont fait la grandeur de la France se dessiner et se développer.

Pendant cette glorieuse période, Paris s'accrut de toute l'élévation de la royauté. Résidence des rois, ceux-ci la traitèrent en fille bien aimée.

Aussi, alors comme aujourd'hui, fallut-il briser ses vieilles enceintes pour lui en tracer de plus vastes, et réglementer tous les intérêts qui s'y agitaient et faisaient sa richesse et sa splendeur.

Refaire le Paris du XIIIe siècle, tel qu'il a été légué par l'histoire aux âges suivants; reconstituer sa topographie, ses divisions territoriales, administratives, juridictionnelles, scientifiques; en reproduire le caractère architectural; en retracer les mœurs, les habitudes; faire du tout un tableau qui vous y transporte et vous y fasse vivre de l'existence qu'on y avait alors, était donc une œuvre séduisante; mais aussi quelle étude délicate, ardue et de patient labeur!

Or, c'est le travail entrepris par un modeste savant de Bonn, qui a su concentrer dans un petit volume et tracer dans un cadre bien étroit une peinture pleine de vérité du Paris au XIIIe siècle. Observateur exact, aucune des parties du tableau n'a échappé à ses heureuses investigations.

Mais, écrit en allemand, le livre de

M. Springer devait rester lettre close pour tous ceux qui ne sont pas familiarisés avec le génie de cette langue exubérante et imagée, où la pensée sait assouplir la phraséologie pour se produire plus complète et plus expressive; j'ai donc essayé de rendre en français l'œuvre de l'auteur, afin de la faire connaître à toutes les personnes ignorantes de la langue allemande, mais désireuses de se reposer dans l'étude du passé des vicissitudes des temps présents.

Ma traduction est *libre*, en ce sens que, si je n'ai touché à aucune des idées de l'original, si j'ai religieusement conservé le travail de l'érudit, j'ai cru cependant devoir remanier l'ouvrage, le diviser en paragraphes et réunir sous chacun d'eux les matières se rapportant au même ordre de faits ou d'observations, afin que le lecteur pût mieux s'en rendre compte. J'ose donc espérer que M. Springer me pardonnera cette licence, qui n'est peut-être pas la seule dont il devra m'absoudre.

Je n'entrerai pas ici dans le détail du plan

suivi par l'auteur : la nouvelle division donnée à son livre a permis de le faire suivre d'une table des matières de chaque paragraphe qui en indique l'objet. Ce que je crois pouvoir dire, c'est que l'ouvrage apparaîtra, sans doute, comme un des travaux les plus curieux sur le Paris du moyen âge; car, si nous avons sur cette époque bon nombre de documents et d'ouvrages, si le recueil des Ordonnances, les Olim, les Etablissements de saint Louis, le Livre des Métiers d'Estienne Boileau, celui de la Taille sous Philippe le Bel, le Cartulaire de Notre-Dame, la Chronique de Mathieu Paris; si les travaux de leurs savants commentateurs, si les œuvres et les écrits de Guillaume le Breton, de Villehardouin, de Joinville, de Beaumanoir, de Guillot, de Guillaume de la Villeneuve, de Rutebeuf, de l'anonyme de Senlis, de Guillebert de Metz, de Corrozet, de Dubreuil, de Malingre, de Grandcolas, de Félibien, de Sauval, de l'abbé Lebeuf, de Jaillot, de Delamarre, et, dans des temps plus récents, de MM. Dulaure, Piganiol, Mignet, Leroux de Lincy, Didron, de Guilhermy, Albert Lenoir, A. Berty, Depping, de Laborde, Jubinal, Geraud, Bonnardot, Paul Lacroix, Edouard Fournier, Lavallée, Méindre et de beaucoup d'autres écrivains qu'il nous faut passer pour arrêter cette trop longue nomenclature, ont tous, plus ou moins, touché à l'histoire de Paris au XIIIe siècle, aucun ne l'avait encore envisagé spécialement pour en former un travail séparé et d'ensemble comme l'a fait M. Springer, en s'aidant toutefois de tous ces travaux. L'auteur, au surplus, est loin de méconnaître les services qu'il leur doit, et les notes de son livre, qui n'en sont pas la partie la moins importante ni la moins recommandable, en restituant à chacun ce qu'il lui a emprunté, contribuent à donner à sa publication une valeur scientifique encore plus réelle.

Cependant, quelque complet que soit le travail de M. Springer, il se concentre sur Paris, tel qu'il était à la fin du XIIIe siècle, et son ouvrage présuppose chez le lecteur la connaissance des événements généraux auxquels se relie cet état de Paris. Ce n'est pas néanmoins une lacune; il est facile de reconnaître que l'auteur est profondément nourri de l'histoire qui a constitué le Paris dont il nous montre le panorama physique et intellectuel. S'il n'a pas étendu au delà le cercle de sa publication, c'est qu'elle eût pris alors une toute autre portée; mais quelques mots sur l'époque historique au milieu de laquelle Paris s'est développé au XIIIe siècle seront l'introduction rationnelle du livre lui-même.

Lorsque Philippe-Auguste monta sur le trône de France, le domaine direct de la couronne, bien démembré depuis Hugues Capet, envahi de toutes parts par le flot de la féodalité, était presque réduit aux comtés de Paris, de Meulan, d'Etampes, d'Orléans, de Sens, de Bourges et au Vexin français, et encore ces possessions étaient-elles mal reliées entre elles en raison des fiefs et des châteaux seigneuriaux qui en interceptaient la libre communication.

Louis le Gros et son successeur avaient, à la vérité, commencé l'œuvre de régénération de la royauté en favorisant l'émancipation des populations, en poussant aux chartes de communes, en sanctionnant les traités qui les consacraient, en se faisant quelque peu les justiciers des grandes routes; mais, tout en défendant et en affermissant leur suzeraineté sur leurs puissants vassaux, ils respectaient encore les droits que ceux-ci avaient conquis sur la faiblesse de leurs prédécesseurs : cependant c'était déjà la lutte entre la royauté et la féodalité, et cette lutte prit un nouvel essor à l'avénement de Philippe-Auguste.

Les grands vassaux crurent avoir facilement raison de ce roi à peine sorti de l'enfance; ils furent bientôt détrompés : l'activité du jeune roi déjoua leurs calculs, et leurs efforts tournèrent contre leurs entreprises. Les comtés d'Amiens, du Vermandois, du Valois furent annexés au royaume, dont l'Artois porta les frontières jusqu'à la Flandre; plus tard, la confiscation des fiefs de Richard d'Angleterre y ajouta la Normandie, la Touraine, une partie du Poitou; de même que les conséquences des Croisades contre les hérétiques du Midi y firent réunir les comtés de Toulouse et les vicomtés de Béziers et de Narbonne. A ces conquêtes, qui doublaient et au delà le domaine de la couronne, Philippe le Hardi et Philippe le Bel ajoutèrent la Champagne, la Navarre, la Marche, l'Angoumois, la Franche-Comté, la Flandre et même le comtat Venaissin, abandonné bientôt au pape avec la moitié d'Avignon.

Je n'ai pas à rechercher ici par quels moyens la royauté s'agrandit; si Philippe-Auguste sut tirer de la bataille de Bouvines les résultats qu'elle devait donner; si saint Louis eut tort, après la bataille de Taillebourg, de laisser en fief au roi d'Angleterre le duché de Guyenne, pas plus que je n'ai à déplorer le traité qui, en assurant la Flandre à la France, fit donner la fille de Philippe le Bel au fils d'Edouard Ier, bien que ces actes aient préparé les guerres funestes où la royauté fut de nouveau mise en péril, et où la civilisation elle-même paraissait devoir s'abîmer. Ce qu'il importe de constater, c'est l'état florissant de la France pendant le XIIIe siècle; c'est l'émancipation et la virilité de la royauté pendant cette période, parce qu'ainsi s'expliquent l'importance et l'accroissement que dut prendre la capitale d'un tel royaume, la sollicitude dont elle fut l'objet de la part des rois, de même que la nécessité politique de la placer à l'abri de toute surprise, et d'y faire bonne et sévère police : tâche difficile dans un temps et avec des institutions qui répartissaient les pouvoirs et les juridictions entre tant d'autorités diverses.

Les Croisades ne coopérèrent pas moins que les conquêtes intérieures à la révolution sociale qui s'opéra au XIIIe siècle. Pendant cent cinquante ans elles trouvèrent des couches compactes de générations pour les entretenir jusqu'au moment où leur but providentiel fut atteint. Huit fois l'Occident se rua sur l'Orient pour conquérir les régions d'où sortit le Christ, le plus pur des moralistes, alors qu'il ne serait pas le Fils de Dieu fait homme. Si les Croisades ne purent rendre à la chrétienté son berceau, du moins firent-elles sentir leur influence civilisatrice à leur point de départ. La réunion, sous l'étendard de la foi, de ces barons habitués à se combattre, de ces hommes d'armes à qui l'épée tenait lieu de loi, de ces vassaux, de ces serfs, devenus tous frères en Jésus-Christ, fut une première et glorieuse conquête; les seigneurs, aux prises avec les besoins que faisaient naître d'aussi longues et lointaines entreprises, ou mus par de plus nobles mobiles, affranchirent bourgs et gens; ralliés sous la bannière royale, ils s'habituèrent à voir dans le roi, non plus seulement le premier d'entre eux, mais encore le souverain; les flottes, sillonnant incessamment les mers, firent retrouver au commerce la voie presque oubliée de contrées dont les riches productions se répandirent sur le sol de l'Europe; l'esprit d'association se fit jour;

la chevalerie se constitua, et les rois, s'éloignant de leurs domaines, durent, par de sages et prudentes institutions, y maintenir leur autorité et les garantir de tout trouble intérieur et extérieur. Aussi, quand Joinville reconnaissait que l'heure de ces pieuses pérégrinations était passée et refusait de suivre son maître dont il pressentait la triste fin, les Croisades avaient tracé leur sillon et avaient déposé la semence dont les siècles futurs devaient recueillir les fruits.

En même temps que l'autorité des rois s'établissait par leurs conquêtes, que les Croisades apportaient leur concours à la transformation sociale de la France, d'autres éléments non moins puissants y contribuèrent encore.

Le XIIe siècle avait vu naître la secte des réalistes, dont Guillaume de Champeaux professait les doctrines à Paris, dans le cloître de Saint-Victor, l'asile célèbre du mysticisme; son disciple Abailard les exagéra encore dans de savantes et subtiles déductions où le mode de raisonnement conduisait et entraînait la pensée. Saint Bernard, il est vrai, les réfuta avec sa puissante dialectique : un concile put faire brûler le livre de la *Trinité,* un autre fulminer de nouveau contre ces doctrines ; mais en même temps s'introduisirent en France grand nombre de traités péripatéticiens et l'œuvre encyclopédique d'Aristote ; d'autre part, à côté du droit canon, se posa l'étude du droit romain, dont un manuscrit, découvert à Amalfi, dotait le moyen âge : partout alors s'établirent des chaires où tous les systèmes s'enseignèrent, se commentèrent et se livrèrent un long et retentissant combat.

Aussi le XIIIe siècle s'ouvrit-il pour l'Eglise au milieu du déchaînement des hérésies et des sectes hétérodoxes ; les Manichéens, les Vaudois, les Albigeois, le mysticisme, le specticisme, le panthéisme, tout conspirait contre l'unité, contre l'autorité du pape, et déchirait le sein du catholicisme. Ce fut en vain que par les Croisades les évêques cherchèrent un remède contre ces courants dévastateurs de la foi ; les populations, surexcitées par les questions religieuses et philosophiques, par l'appel fait à la délivrance de la terre sainte, s'agitaient et se déclassaient; le lettré se livrait à toutes les spéculations de l'esprit aux prises avec des sciences et des idées nouvelles, qu'il percevait comme une révélation; tandis que l'homme grossier, le serf, s'enrôlait sous une de ces bannières, par la seule raison que la lutte devenait l'occasion de la révolte, de la vie de désordre, toujours si attrayante pour qui souffre et n'a pas su trouver sa place dans l'organisation sociale. En vain le feu, la hache, la désolation furent portés dans les contrées du Midi, en vain les panthéistes furent brûlés à Paris; le mal empirait, et le flot de l'hérésie montait toujours. Vint alors ce concile de Latran, où se formula la plus belle exposition de la foi catholique, et où se trouvèrent écrits la plupart de ces commandements de l'Eglise, gardiens de l'orthodoxie. Tout fut combiné dans les canons de cette célèbre assemblée pour ramener l'unité dans la foi, dans le dogme, et pour extirper l'hérésie. De ce concile sortirent aussi deux grandes institutions monastiques, milice ne relevant que de Rome : les dominicains, frères prêcheurs auxquels fut remise la terrible juridiction de l'inquisition et qu'illustrèrent Vincent de Beauvais, Albert Legrand et surtout saint Thomas d'Aquin ; puis les franciscains, frères mineurs et mendiants, praticiens ardents, quelquefois mystiques, dont saint François d'Assises, leur fondateur, Roger Bacon, Alexandre de Hales, Duns-Scot et saint Bonaventure dessinèrent les tendances et les doctrines.

A côté des institutions cléricales, l'Université marquait largement sa place et leur disputait le terrain de la science ; les colléges, spécialement celui de Sorbonne, se créaient ou se développaient ; les chaires laïques s'élevaient ; la langue nationale se formulait dans des ouvrages historiques et littéraires encore recherchés, et la pensée humaine se dégageait, malgré l'interdit porté par l'Eglise contre l'enseignement de certains livres d'Aristote et du droit romain.

Dans ses luttes contre les hérésies, l'Eglise trouva de puissants appuis dans les rois et les principaux seigneurs de France ; ils se firent les exécuteurs des décisions du concile de Latran : leur zèle à cet égard fut sans bornes; saint Louis y mit le dévouement d'un convertisseur. Cependant, en même temps que le roi et les seigneurs portaient si haut l'étendard de la foi, ils combattaient avec la même énergie pour défendre leur autorité contre les envahissements de la papauté, ne craignant pas même de braver les foudres de Rome. Sous prétexte que tout péché est du domaine de l'Eglise, qui peut seule *lier* ou *délier*, le clergé avait étendu sa juridiction jusqu'aux matières féodales ; ce fut en vain que les barons firent avec les évêques une espèce de concordat pour régler les limites de la compétence respective de leurs tribunaux. Cette transaction mal exécutée n'apporta aucune amélioration à la situation : l'établissement de l'inquisition et son droit de confiscation des biens des seigneurs qui supporteraient des hérétiques sur leurs terres ne firent qu'aggraver le mal, de telle sorte qu'il fallut l'intervention royale pour régler le conflit. En 1235, le roi et la noblesse se réunirent à Saint-Denis ; l'assemblée décida que les seigneurs ne pourraient être justiciables des cours ecclésiastiques pour aucune cause civile, que l'excommunication faite d'abus par les juges ecclésiastiques serait punie de la saisie du temporel, et que les membres du clergé releveraient pour leurs fiefs des juges féodaux. Cet acte fut porté jusqu'aux pieds du trône pontifical, et le roi supplia le pape de respecter ses droits et celui de ses barons autant qu'il respectait ceux de l'Eglise, décidé qu'il était de ne plus souffrir le désordre dans les juridictions. Cet état de lutte, que la conduite privée du clergé était peu propre à faire cesser, subsista néanmoins jusqu'à ce qu'intervint la pragmatique-sanction de 1268, demeurée la base des libertés de l'Eglise gallicane, et que Philippe le Bel crut devoir confirmer en 1302.

La force de la royauté qui se dessinait à si

grands traits dans ses rapports avec Rome et avec les seigneurs du royaume, son activité qui se manifestait avec tant d'éclat se firent également sentir au XIIIe siècle dans toutes les branches de l'administration. Il ne suffisait pas, en effet, pour s'affermir, que la royauté conquît et maintînt, envers et contre tous, les droits inhérents au pouvoir souverain ; il fallait encore qu'elle remaniât et organisât tous les pouvoirs concourant à l'action publique, au gouvernement des personnes et des choses, de manière à les faire relever plus ou moins directement de son autorité.

Administration des villes et des communes, impôts, industrie, commerce, justice, sciences, Université, tout trouva sa réglementation, et sur des bases telles qu'aujourd'hui, malgré la révolution la plus radicale qu'un pays puisse supporter dans ses institutions, on peut encore les reconnaître sous tant de lois et règlements amoncelés depuis six cents ans.

Ce ne fut plus à l'affranchissement des

communes que travaillèrent les rois au XIIIe siècle; mais, la féodalité soumise ou comprimée, ce fut à faire des *bourgeois du roi* qu'ils s'efforcèrent, tout en confirmant les chartes de certaines communes ne relevant pas directement de la couronne.

Le roi ne doit rendre hommage à personne, telle fut la maxime qui domina dans tous les actes de la royauté ; de cette maxime découla son intervention dans toutes les affaires des barons, soit entre eux, soit avec leurs vassaux ou avec les villes ou les communes, et, au besoin, les troupes devenues *permanentes* assurèrent son action.

Le roi choisissait les maires sur une liste de quatre prud'hommes; les communes ne pouvaient aliéner sans l'autorisation royale, et tous les ans les maires devaient rendre compte au roi de leur gestion.

Philippe-Auguste institua quatre grands baillis, rappelant les anciens *missi dominici*, chargés de rendre la justice et d'en surveiller l'exercice par les juridictions inférieures; saint Louis et ses successeurs multiplièrent cette institution, abolirent le duel judiciaire, les épreuves de l'eau, du feu, les guerres privées par la trève dite *quarantaine le roi*, décrétèrent l'instruction écrite, la preuve orale; toute une procédure d'appel fut organisée de manière à concentrer l'administration de la justice, soit dans le Châtelet de Paris, soit dans le conseil du roi ; les rois réglementèrent encore les attributions du parlement et ses sessions; or, dans ces diverses institutions, tout s'empreignit de l'influence qu'avaient déjà prise les principes du droit romain, dont la mise en pratique chassa peu à peu les hommes d'armes des tribunaux, pour les remplacer par les clercs et les lettrés, et introduisit ainsi l'élément du tiers état dans les affaires publiques; enfin, il n'est pas jusqu'aux monnaies des barons qui ne furent mises hors de cours au delà des limites de la seigneurie, alors que les monnaies du roi devaient être reçues par tout le royaume.

Ce fut aussi pendant ce siècle que Paris vit organiser son échevinage, régler les attributions respectives du prévôt de Paris, du prévôt des marchands, du voyer, en même temps que, d'ordre du roi, Estienne Boileau faisait colliger et réunir en un corps de règlements les usages des divers métiers.

Il ne m'appartient pas d'aller plus loin; ici commence le livre que j'ai cherché à reproduire dans notre langue. Cependant, avant de déposer la plume, qu'il soit permis au membre de l'édilité parisienne de payer à l'éminent fonctionnaire placé à la tête de l'administration municipale le tribut légitime de gratitude que commandent la haute intelligence et l'énergique volonté avec lesquelles il dirige la grande et splendide transformation du Paris moderne.

Paris, ce 6 janvier 1860.

V. F.

PARIS

AU TREIZIEME SIECLE

I

PARIS n'est pas une ville, mais un monde, — disait l'empereur Sigismond [1].

C'est que Paris est comme le cœur de la civilisation, dont les pulsations permettent de juger du mouvement imprimé à l'esprit

[1] Sauval (Histoire et Recherches des antiquités de la ville de Paris) rapporte le mot attribué à l'empereur Sigismond, qu'il avait trouvé en France un monde, une ville et un village, tous également dignes d'admiration. Pour lui, le monde était Paris, la ville Orléans, et le village Poitiers. On attribue un mot analogue à Charles-Quint. Interrogé sur la plus grande ville de France, il répondit que c'était Rouen: car Paris, dit-il, est un pays entier. Il est à peine nécessaire d'affirmer que les témoignages laudatifs donnés par les habitants eux-mêmes sont bien

humain au cours de chaque siècle, et qu'à travers son foyer incandescent de révolutions, il conserve son rang suprême dans l'empire des lettres, des arts, des plaisirs et de la mode.

N'est-ce pas, en effet, aux sources de la littérature française que puisent les classes éclairées des nations, qu'elles soient d'origine roumaine, slave, allemande, etc.?

N'est-ce pas à Paris que se trouve aujourd'hui la meilleure école des arts plastiques et de la peinture moderne?

---

plus nombreux et au moins aussi énergiques. On pourrait commencer par Hilduin et Adrevald, au IXe siècle, qui regardent Paris comme *regum divitiæ et emporium populorum* (*de miraculis S. Benedicti*), venir jusqu'au cardinal de Narbonne, au XVIe siècle (*civitas parisiensis mundi magis quam civitatis speciem refert*, dans les statuts du collége de Narbonne, de l'an 1544), et au prévôt des marchands au XVIIe siècle, qui salua la venue d'une ambassade helvétique dans la première ville de l'Europe. (Félibien, Histoire de Paris, V, 489.) On pourrait aussi recueillir de nombreux témoignages d'admiration; nous nous contenterons de deux citations appartenant au siècle dont nous nous occupons plus spécialement. L'auteur du Lendit rimé, au XIIIe siècle, dont nous aurons encore à parler plus tard, dit au vers 83 :

« Premier est Paris amenteue
« Qui est du monde la meillour. »

Le chroniqueur Godefroy, de Paris, affirme également que les Anglais, qui assistèrent à la fête de la réception comme chevalier du fils de Philippe le Bel, en 1313, s'émerveillaient que

« Tant de gent riche et nobile
« l'ovist saillir de une ville. »

Ne sont-ce pas les théâtres de Paris qui donnent l'impulsion aux théâtres des autres nations ?

N'est-ce pas Paris qui règle tout ce qui touche aux formes extérieures de la vie, depuis les vêtements des habitants et l'ornementation des maisons jusqu'aux usages de la société ?

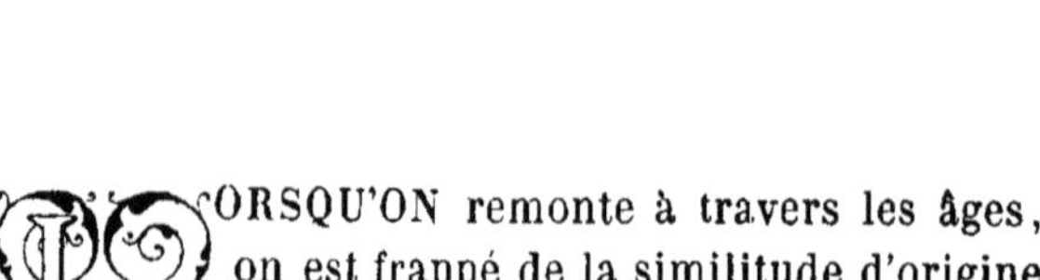

II

LORSQU'ON remonte à travers les âges, on est frappé de la similitude d'origine et de destination de Paris avec cette autre capitale du monde, la Rome éternelle.

Momsen, représentant Rome à son berceau comme une forteresse frontière et l'entrepôt du commerce maritime du Latium, a heurté bien des préjugés historiques et soulevé plus d'un doute.

Cependant cette opinion n'a rien de plus étrange et de moins vraisemblable que le fait certain et démontré de l'origine de Paris, qui, malgré son éloignement des côtes de la mer, dut à son commerce fluvial son premier éclat et sa prépondérance constante et progressive sur toutes les villes voisines.

Sans prendre texte de la nef qui forme les armes de la ville de Paris (Rome avait aussi des galères dans ses armes), ni de l'hommage d'un plat de poisson auquel l'évêque de Paris avait droit [1], on peut en fournir de nombreuses preuves. C'est ainsi qu'un des plus anciens documents, un vieil autel de pierre du temps de l'empereur Tibère, nous montre les NAUTAE PARISIACI [2] réunis en corporation, et ayant déjà une véritable consistance.

Il serait sans doute difficile de suivre le sort de cette première corporation dans les temps obscurs de l'histoire de France, et de déterminer d'une manière exacte son point d'union avec la hanse parisienne du moyen âge, qui, forte de sa puissance, entendait avoir le monopole du trafic fluvial, et s'attribua progressivement le pouvoir municipal ; mais on ne saurait nier les rapports des deux corporations et considérer la hanse parisienne comme une institution nouvelle ou purement municipale, puisqu'elle invoquait déjà dans le XIIe siècle ses antiques priviléges [3], et que des documents permet-

---

[1] Olim, II, 348. *Episcopus habet precium suum ad panerum piscis vel ad summam.*

[2] Musée de Cluny : autels gallo-romains, n°s 1-4. L'autel, désigné sous le n° 2, porte l'inscription suivante :

TIB. CAESARE
AVG. IOVI OPTVMO
MAXSVMO. (ARA) M.
NAUTAE. PARISIACI
PVBLICE. POSIERVNT.

[3] Une charte de Louis VII, de l'an 1170, confirme le privilége que les marchands de l'eau de Paris prétendaient avoir *ab anti-*

tent d'en reporter l'existence même avant la venue des Gaulois et des Romains[1].

---

quo. (Ordonnances des Rois, II, 432.) La première mention formelle des corporations commerciales de Paris se trouve dans une charte de Louis VI, de l'an 1121. (Félibien, I, 93.)

[1] Nous en trouvons un exemple au XIIIe siècle : (Olim, I, 572.) *Quidam mercator Hispanus adduxerat ficus et alias merces per Sequanam*, etc.

III

PARIS se rapproche encore de Rome par d'autres aperçus, et, de même que Rome compte deux grandes périodes dans son histoire, de même la splendeur actuelle de Paris n'est qu'une transformation de son ancienne puissance.

En effet, dès le XIIIe siècle, Paris pouvait prétendre légitimement à être considéré comme la capitale de l'Europe. Classé déjà parmi les villes les plus considérables, il se trouvait sans contestation à la tête de la civilisation et des mœurs.

C'est de Paris qu'est surtout parti le mouvement artistique du moyen âge chrétien, et c'est à Paris que la science avait élu son domicile.

Les célèbres douze maîtres de Paris égalaient

presque en renom les sept sages de la Grèce[1], et le désir d'étudier la scolastique jusque dans ses plus intimes arcanes attirait vers Paris de nombreux enfants de tous pays, comme aujourd'hui y accourt cette foule d'etrangers désireuse d'admirer les merveilles de l'industrie[2].

La France du XIIIe siècle, comme le fait la France moderne, régnait aussi par son goût et ses arts sur le monde entier; elle pouvait dès lors se glorifier de ses artistes et citer l'orfévre Guillaume Boucher exerçant son industrie au cœur de l'Asie, dans le camp des Tartares[3].

---

[1] Wackernagel dit, à l'occasion de la publication d'un ancien poëme allemand : « Au nombre des grandes écoles du moyen « âge, les auteurs allemands de l'époque citent l'ancienne école « de théologie de Paris comme ayant joui d'une renommée en « quelque sorte proverbiale. Dès qu'on parle des universités, on « ne manque pas de citer Paris au premier rang; si dans le « poëme il est parlé d'une école de théologie, ce ne peut être « que de celle de Paris. » Ajoutons que, dans la guerre de la Wartburg, Walther se vante d'avoir étudié à Paris, Constantinople et Babylone.

[2] Capitulaire de l'église Notre-Dame, I, 67. Bulle du pape Innocent III, de l'an 1207. *Ad civitatem parisiensem pro sacre pagine disciplina celebris recursus habetur.* Le collége de Constantinople, celui des Danois, des Ecossais, etc., fondés au XIIIe siècle, prouvent la présence d'étudiants venus de l'Orient et du Nord à l'Université de Paris. (Histoire littér. de la France, XVI, 53 et 141.)

[3] Par l'ordre de saint Louis, et à l'occasion du bruit qui s'était répandu que le grand khan du Mogol avait embrassé le christia-

C'est également par erreur qu'on a fixé seulement au siècle de Louis XIV l'extension et le caractère diplomatique de la langue française, puisqu'il existe des témoignages écrits qu'il en était déjà ainsi au XIIIe siècle [1], et même, si l'ancienneté peut justifier un abus, ajoutons que l'usage détestable des Allemands de mêler à leur langue maternelle des mots français remonte à cette époque, ainsi que le prouvent ces phrases des romans de Tristan et de Parzival : « *Bien sois venu, beau sire, — Beau korps*

nisme, le franciscain Ruisbroeck entreprit en 1253 un voyage en Tartarie, où il fit la rencontre d'un orfévre français, et admira parmi ses ouvrages, un arbre d'argent porté par quatre lions. (*V.* Bergeron, Voyages faits principalement en Asie, dans les XIIe-XVe siècles. La Haye, 1735.)

1 Raymond Montanero, auteur espagnol, assure que de son temps, c'est-à-dire à la fin du XIIIe siècle, on parlait en Morée et à Athènes aussi bon français qu'à Paris. (Histoire littér., XVI, 159.) L'usage des grands personnages d'avoir dans leur maison des Français pour enseigner leur langue aux jeunes gens est cité par le ménestrel du duc Henri III de Brabant, Adenez li Rois. Les Italiens même, dans ce siècle qui précéda immédiatement l'œuvre créatrice de Dante, préféraient le français à leur propre langue. « Se aucun demandoit, — dit Brunetto Latini dans son Trésor, — « pourquoi chis livres est écrit en roumans pour chou que nous « sommes Ytalien, je diroie que ch'est pour chou que nous » sommes en France, et pour chou que la parleure en est plus « délitable et plus commun à toutes gens. » Martino da Canale justifie aussi son entreprise, en 1275, d'écrire l'histoire de Venise en français, en ces termes : « La lengue françoise cort parmi le « monde et est la plus délitable à lire et à oir que nulle « autre. »

deus vas sal la bele, — *Merzy, dit la pucèle,* » etc., ce qui suppose non-seulement une connaissance assez répandue de la langue française, mais prouve aussi qu'il ne faut pas compter parmi les linguistes rigides Wolfram d'Eschenbach et Gottfried de Strasbourg [1].

Paris, cette capitale du luxe et des joies mondaines, était encore au moyen âge, comme elle l'est aujourd'hui, l'asile de la science austère et de l'enseignement élevé; mais, avant de le démontrer, il faut d'abord refaire la topographie du Paris du XIIIe siècle.

---

[1] L'exemple du sourd-muet étranger qui, au tombeau de saint Louis, retrouva la parole, non dans la langue de son pays, mais en français (Guil. Carnot et Gauf. de bello loco, *vita S. Ludovici in acta sanctorum*, 25 août), et celui de Feirefiss, chef des païens, qui comprend le français, prouvent que, dans l'opinion des peuples, cette langue était, ou à peu près, la langue universelle. Si cette croyance n'avait pas existé, Wolfram d'Eschenbach n'aurait pas dit dans Willehalm (237,3) par forme de plaisanterie :

Herbergen ist loschiern genant, etc.

En France, alors comme aujourd'hui, on regardait le langage de Paris comme le meilleur. Le continuateur du roman de la Rose, Jean Clopinel, de Meung en Orléanais, croit devoir s'excuser de ce qu'il ignore ce langage :

Si m'excuse de mon langage,
Car ne suis pas de Paris,
Ne si cointes que Paris.

IV

LES monuments de cette époque deviennent de plus en plus rares et disparaissent chaque jour. Depuis longtemps on travaille à renverser et à détruire le Paris du moyen âge, et depuis quelques années on s'est mis à l'œuvre avec tant d'ardeur et d'élan, que c'est à peine si on peut retrouver les traces de la vieille cité dans la ville moderne.

L'indifférence pour le respect que doivent inspirer les monuments des âges antérieurs a malheureusement été une des causes de leurs destructions; mais c'est surtout l'accroissement incessant de la population qui a amené les changements accomplis dans le caractère architectural et dans l'aménagement des maisons [1].

[1] Les amis des anciens monuments doivent se transporter jusqu'à la rue Hautefeuille, s'ils veulent se convaincre que le vieux

Il faut donc avoir recours à des preuves d'une autre nature pour reconstituer le vieux Paris. Heureusement ces preuves sont nombreuses, et les ordonnances des rois, les cartulaires des églises, les

---

Paris n'a pas tout à fait disparu. Mais de toutes les maisons que l'on y voit, une seule vous reporte au XVe siècle. On voit encore des maisons à pignon dans la rue Saint-Honoré, dans le quartier Saint-Germain-l'Auxerrois, dans la rue de la Harpe, etc. Le moyen âge proprement dit y est aussi peu conservé qu'au Marais, où quelques hôtels du temps de Louis XIII se remarquent encore. Que signifie donc l'ancienneté si vantée de la place Royale et de la place Dauphine, lorsqu'aucune de ces constructions ne remonte au delà du XVIIe siècle? On peut juger du grand nombre d'édifices ayant une importance historique, qui, chaque année, sont sacrifiés au système de *l'alignement* par les actes d'expropriation que publient les journaux.

Le premier exemple donné à Paris d'une construction parfaitement symétrique est la *place Royale*, qui date du règne de Henri IV. Sur son emplacement s'élevait, au XIVe siècle, le célèbre hôtel des Tournelles, avec de nombreux jardins, des galeries, des chapelles, un labyrinthe, etc. Charles IX fit détruire cet édifice après la mort de son père, et Henri IV fit élever à la place une suite de maisons parfaitement semblables. La place Royale commence la série des édifices réguliers, uniformes, construits, non d'après un but d'utilité, mais d'après un plan symétrique et absolu. Alors se remarque ce style d'architecture sec et froid, dont les créations ressemblent aux hommes qui, en Sibérie, ne sont désignés que par un numéro, et dont la *rue de Rivoli* et le *boulevard de Sébastopol* sont de nos jours la dernière et la plus complète expression. Le fondateur de la monarchie moderne, le grand cardinal de Richelieu, se montra comme le roi Henri IV partisan de ces plans de construction; mais les plus brillants projets de ces deux hommes sont restés inexécutés, aussi bien la *place Ducale* projetée par Richelieu (derrière son palais), que

rôles des impôts, les règlements des corporations, les ordonnances de police, les chroniques, les poëmes rimés, les inventaires, etc., permettent d'en refaire une image fidèle et complète [1].

la *place de France*, qui devait former un grand hémicycle, vis-à-vis la *place du Calvaire*. Une large porte, nommée *porte de France*, avec un corps de logis de chaque côté, devait être élevée dans le fond, et huit rues, portant les noms des principales provinces, déboucher sur la place. Ces rues auraient été coupées par huit autres qui, parallèles entre elles, auraient porté les noms des petits gouvernements. La règle de l'uniformité s'étendait jusqu'aux plus petites tours et pavillons. Ce plan, qui pourrait avoir son utilité pour l'histoire des constructions modernes, ne peut être jugé que d'après les esquisses de Poinsart; la mort prématurée de Henri IV en empêcha l'exécution. On ne peut douter qu'un siècle qui accueillait de semblables idées ne fût peu favorable à la conservation d'anciens édifices, élevés dans un système diamétralement opposé. Mais c'est depuis la Révolution que nous voyons les vieilles constructions disparaître, sans qu'il soit question de les remplacer. Dans des temps plus anciens, la nécessité d'agrandir justifiait le droit de détruire. C'est ainsi que nous voyons les églises, abattues du XVIe au XVIIIe siècle, rebâties immédiatement sur une plus grande échelle, suivant ce que les besoins exigeaient; telles sont les églises Saint-Eustache, Saint-Gervais, Saint-Merry, Saint-Sulpice, etc.; tandis que celles qui ont disparu depuis la Révolution ont été détruites sans qu'il en reste de trace, ou ont reçu une autre destination.

[1] Les principales sources qui peuvent faire connaître l'état des Parisiens au XIIIe siècle sont: *Philippidos libri XII*, de Guillaume le Breton, dans la grande collection des Historiens de France, t. XVII, p. 117-287; — le Livre des Métiers, d'Etienne Boileau; — le Rôle de la Taille, imposé sur les habitants de Paris en 1292; — Cartulaire de l'église Notre-Dame de Paris; — les Olim, ou

Registres des arrêts rendus par la cour du Roi. Ces quatre ouvrages ont été publiés et annotés avec le plus grand soin dans la Collection de Documents inédits sur l'Histoire de France.

Le grand ouvrage des Ordonnances des Rois de France, et les historiens du temps de saint Louis, notamment Joinville, avec le Commentaire de du Cange, ont dû fréquemment être mis à profit. Comme objet de comparaison, on a le *Dictionarius magistri Johannis de Garlandia* du XIe siècle, qui présente l'état des Parisiens dans le genre de l'ouvrage intitulé : *Orbis pictus*; ensuite la Taille de Paris, de l'an 1313, publiée par Buchon dans la collection des Chroniques nationales, t. IX; — *Tractatus de laudibus Parisius*, écrit par un habitant de Senlis en 1323, et Description de la ville de Paris au XVe siècle, par Guillebert de Metz, publiée par le Roux de Lincy; dans cette dernière description sont reproduites les Données de Raoul de Presles, sur Paris, à la fin du XIVe siècle (tirées des Commentaires sur la cité de Dieu). Sont aussi fort importants les poëmes rimés : le Dit des Rues de Paris ; — les Crieries de Paris ; — les Moustiers de Paris; — le Dit du Lendit, dans l'édition des Fabliaux de Barbazan et Méon ; — le Dit d'un Mercier, en proverbes et dictons populaires, publié par Crapelet ; — les Ordres de Paris ; — les Ditz de l'Université de Paris, des Jacobins, des Cordeliers, des Béguines de Rutebeuf (édition de Jubinal) ; — la Chronique rimée de Saint-Magloire, etc. Quant aux ouvrages historiques sur Paris, il faut citer : Sauval, Histoire et Recherches des antiquités de la ville de Paris, 1724 ; — Félibien, Histoire de la ville de Paris, 1725, — Lebœuf, Histoire du diocèse de Paris, 1754 ; — Lenoir, Statistique monumentale de Paris, 1842 ; — Guilhermy, Itinéraire archéologique de Paris, 1855, et d'autres ouvrages et écrits périodiques. Parmi les écrivains allemands, B. Stark, dans son livre intitulé : Vie privée, Arts et Antiquités de la France (Jena, 1854), a présenté un tableau intéressant du vieux Paris.

V

LE Paris romain ou *franc* se bornait à l'île devenue plus tard la Cité, et à quelques habitations situées principalement sur la rive gauche de la Seine; il était entouré de marais et de forêts[1]; peu à peu

[1] L'opinion que le Paris *romain* et *franc*, après être sorti de l'île qui fut son berceau, s'étendit exclusivement sur la rive gauche de la Seine, ne peut guère être soutenue sérieusement en présence des découvertes dues aux fouilles faites sur la rive opposée. Celles qui ont été exécutées derrière l'Hôtel-de-Ville, à la tour Saint-Jacques, dans le jardin du Palais-Royal, et notamment dans la direction de Montmartre, les traces de voies publiques dans la rue de Rivoli, les conduites d'eau du Palais-Royal, prouvent que les travaux des Romains se sont étendus au nord de la cité. (*V.* Itin. archéol.). S'il est donc vrai que la plus grande importance de la partie méridionale de la ville ressort de la disposition de l'emplacement où est le jardin du Luxembourg, des

les habitations se multiplièrent et s'étendirent sous la protection des églises qui se fondèrent successivement, telles que celles de Saint-Germain-l'Auxerrois, Saint-Marcel, Saint-Germain-des-Prés, et aussi des villages comme ceux de Bourg-l'Abbé, de Biau-Bourg, de Bourg-Tybout, situés sur la rive droite, qui s'aggrandirent de manière à se joindre à la ville, de telle sorte qu'ils furent compris en grande partie dans le mur d'enceinte que le roi Philippe-Auguste fit élever en 1292, en le flanquant de nombreuses tours, et que le surplus resté en dehors de ces murs forma les faubourgs [1].

---

poteries du côté du Panthéon, de l'Amphithéâtre (clos des arènes au XIIIe siècle), dans le quartier de Saint-Victor, de la nécropole de la montagne Sainte-Geneviève, du palais des empereurs Julien et Valentinien (palais des Thermes); d'un autre côté, le tracé des murs de la ville sur la rive droite, que nous retrouvons depuis le grand Châtelet (porte de Paris), jusqu'à la rue Neuve-Saint-Merry, où se trouvait une porte appelée l'Arche-Saint-Merry (Mémoires de l'Acad. des Inscript., XX, 482), et de là jusqu'à la porte Baudéer (aujourd'hui place Baudoyer), prouvent déjà l'étendue du quartier nord de la ville peu après l'an 1000 de notre ère.

1 L'enceinte élevée par Philippe-Auguste coupait le bourg Saint-Germain, touchait au bourg l'Abbé, et enfermait complétement le Biau-Bourc et le Bourc-Tybout. Sauval (l. II, p. 115) conteste que le nom de bourc vienne des *bourgs* qui ont existé antérieurement, et qui furent plus tard incorporés à la ville, et pense que ces rues doivent leurs noms à des familles. On ne peut nier qu'il n'ait existé des familles portant des noms analogues. Dans la taille de 1292, on trouve une dame Erembourc de Saint-Lorenz imposée à 4 livres 12 sols. Sauval cite, à une

La distribution intérieure de la ville suivit les changements opérés dans son périmètre.

Si la résidence des empereurs romains Julien et Valentinien, dans le IVe siècle, avait imprimé une certaine vie à la partie méridionale de la ville, devenue plus tard l'Université, les rois francs crurent devoir se retirer dans l'île. Ce fut également sur ce sol que l'Eglise établit son siége principal, pendant que le commerce se concentrait sur la rive droite, sans que la main de l'homme se fut encore rendue maîtresse, par ses travaux, du fleuve et du sol qu'il pouvait couvrir, puisque Grégoire de Tours

---

époque plus rapprochée, un Henri Bourg-Thibault, un Guillaume Bourglabé. Indépendamment de ce qu'il est bien plus vraisemblable que les noms de ces familles tirent leur origine des noms de lieux, la situation des bourgs est établie et par l'enceinte la plus ancienne des murailles, et par ces mots d'un arrêt de la cour du Roi, de l'an 1300 : « *In vico Parisiensi, qui dicitur* « *Burgus Thiboudi* » (Olim, II, 450), ce qui vient confirmer notre opinion. Il est de plus à remarquer que, dans la taille de l'an 1292, aussi bien que dans le *Dit des rues de Paris*, il est parlé en général de *Bourc-l'Abé*, *Biau-Bourc*, *Bourc-Tybout*, et seulement par exception de la *rue du Bourg-Tybout*. Lorsque l'origine de ces bourgs et la signification du mot *burgus* furent tombés en oubli, la dénomination de rue du bourg survécut, de même que, par exemple, à Bonn, le pont qui conduisait au marché est devenu la *rue du Pont*. Au midi de la ville, les habitations isolées (*villæ*) se rapprochant toujours de plus en plus de la ville, il en résulta que les Parisiens voulurent obliger les habitants de Saint-Marcel et de Saint-Germain-des-Prés à prendre part aux charges civiques sur ce fondement : « *Predictas villas* « *esse de suburbiis ville Parisiensis.* » (Olim, II, 411.)

parle de naufrages arrivés vers la partie occupée aujourd'hui par les beaux boulevards, promenade de la *fashion* [1].

[1] Grégoire de Tours, *Gesta Francorum*, VI, 25; *Tantam inundationem Sequana Matronaque circa Parisios intulerunt, ut inter civitatem et basilicam Sancti Laurentii* (faub. Saint-Martin) *naufragia sæpe contingerent.*

VI

Au XIIIe siècle, c'est encore dans le vieux palais, à l'extrémité de la Cité, que logeaient les rois et leur suite, bien que, suivant l'opinion commune, le Louvre eût reçu ses premières constructions dès l'année 1204, pendant que s'élevaient dans les terrains environnants les hôtels de Flandre, de Nesle et des comtes d'Alençon; puis, plus loin encore, le Temple, longtemps trésor des rois de France, ainsi que le palais des rois de Sicile, *la meson au roi.*

Les jeunes princes de la maison royale, les frères de saint Louis par exemple, habitaient ordinairement *la ville,* c'est-à-dire la partie septentrionale de Paris, où se fixèrent également, vers cette époque, le commerce, les Juifs et les Lombards[1].

---

[1] Du temps des Francs (Grég. de Tours, *Gest. Franc.*, VIII, 33), les marchands habitaient la partie méridionale de la ville : « *Vidi* « *per somnium a basilica Sancti Vincentii venientem virum* « *inluminatum tenentem manu cereum et domos negociantum* « *ex ordine succendentem.* » C'est aussi dans cette partie que s'étaient établis les Juifs, ainsi que le prouve la situation de leur cimetière près du palais des Thermes et de Saint-Julien-le-Pauvre. Au contraire, d'après le rôle de l'an 1292, la majeure partie des Lombards, des changeurs et teneurs de banque demeuraient sur la rive droite (de cent soixante-treize imposés qui figurent en tête du rôle sous cette désignation « ce sont les Lombarz », on en compte cent deux sur la rive droite, trente-sept sur la rive gauche de la Seine, trente-quatre dans la Cité). D'après le même document, le quartier des Juifs se trouve aussi sur la rive droite (dans le voisinage de Saint-Merry et Sainte-Croix). Dans la Cité se trouvait bien *la Juiverie*; mais elle n'était pas habitée par des Juifs. (*V.* Taille de l'an 1292, p. 142.)

VII

RIEN ne prouve plus clairement l'importance progressive de *la ville* proprement dite, que le chiffre comparatif des rues à la fin du XIIIe siècle, alors que le vieux mur vers le nord s'éloignait peu des rives de la Seine.

Il y avait, en effet, cent quatre-vingt-quatorze rues dans la partie septentrionale, et cent seize seulement tant dans la Cité que sur la rive gauche [1].

---

[1] D'après le Dit des rues de Paris, la ville comptait trois cent dix rues. (D'après la taille de 1292 : trois cent cinquante-deux rues, dix places, onze carrefours; d'après Guillebert de Metz, au XVe siècle, quatre cent dix rues.) Dans ce nombre, trente-six appartiennent à la Cité, quatre-vingts à l'Université, cent quatre-vingt-quatorze à la Ville. Comme Guillebert de Metz (p. 74), en compte autant dans la ville ou *basse partie*, et que la Cité, en

Il résulte aussi du rôle de la taille de 1292, que sur quinze mille deux cents contribuables que comptait alors Paris, il y en avait onze mille quatre cent soixante-neuf sur la rive droite, payant ensemble 9,639 livres 8 sols sur 12,218 livres 14 sols formant le total du rôle [1]. Si on détaille ensuite la part proportionnelle afférente à chaque contribuable, on est amené à constater que les cotes étaient plus élevées dans la partie septentrionale que dans les autres; d'où il faut tirer la conséquence qu'il y avait déjà sur cette rive une plus grande aisance, et qu'il y régnait une activité plus considérable [2].

---

raison de sa contenance limitée, n'a pu subir une très-grande augmentation dans le nombre de ses rues, il est évident que, dans le cours du xive siècle, les rôles des deux rives ont été intervertis, et que la rive gauche a notablement gagné en population.

[1] Le total se décomposait ainsi qu'il suit :

Cent deux Lombards paient................	1080 liv.	14 s.
Deux cent quarante-cinq menues genz.......	12	5
Les autres habitans (onze mille trois cent vingt-six) des quatorze paroisses..........	8546	9
Onze mille quatre cent soixante-neuf imposés payent..................	9639 liv.	8 s.

[2] Le taux moyen de l'impôt dans la Cité et dans l'Université est d'environ quatorze sols; dans la Ville, de seize sols; dans les paroisses de Saint-Germain-l'Auxerrois, de Saint-Jean-en-Grève, de vingt sols, en évaluant le sol à la somme de 5 fr. 70 c. d'aujourd'hui.

La population de Paris, au commencement du XIIIe siècle, devait être de près de deux cent mille âmes, chiffre qu'elle avait dépassé à la fin de ce siècle.

Cette donnée peut paraître controversable à ceux qui se représentent le moyen âge pauvre, barbare, peu peuplé dans ses agglomérations d'habitants, et font de Paris lui-même un bourg à moitié désert; mais, outre que les nombreux documents réunis par les patientes recherches des savants viendraient démentir cette fausse idée, on doit ajouter que Paris ne se trouvait pas la seule ville richement peuplée dans ce rayon de l'Europe, et que beaucoup de villes flamandes ou allemandes, telles que Gand, Ypres, Douai, Lille, Cologne, comptaient aussi une population nombreuse.

Il ne faudrait pas non plus croire que l'accroissement des populations a constamment suivi un cours régulier; ce ne serait pas tenir compte du mouvement et du déplacement de la richesse et de la puissance qui ont amené comme conséquence le dépérissement ou la progression de beaucoup de villes, dont la population s'est accrue ou s'est modifiée selon les nouvelles relations et les nouveaux établissements fondés par la marche séculaire du temps [1].

---

[1] Les documents contemporains concernant la population de Paris au moyen âge laissent une certaine méfiance, parce que nous ne connaissons pas la base sur laquelle s'appuient les calculs,

ou que les assertions sont en général vagues, indéterminées. Nous ne pouvons donc nous en rapporter à ce qu'affirme Joinville : qu'à l'entrée de saint Louis à Paris, en l'an 1226, la foule de peuple qui s'était portée à sa rencontre couvrait la route jusqu'à une distance de huit lieues (depuis Montlhéry jusqu'à Paris), et nous ne pouvons admettre avec Jean de Saint-Victor et Godefroy, de Paris, les cinquante mille Parisiens armés, que Philippe le Bel passa en revue en 1313. L'allégation de l'anonyme de Senlis (c. III) : que vouloir compter les maisons de Paris serait aussi impraticable que de compter les feuilles dans une forêt, les épis dans un vaste champ, n'a aucune valeur, en raison même de son défaut de précision. Parmi les autres sources propres à faire apprécier le chiffre de la population, celle qui s'induirait du nombre des imposés au rôle de taille de l'an 1292, pour conclure au nombre des habitants, conduirait à une erreur, parce qu'on ne peut comparer les individus qui sont isolément soumis à l'impôt à des chefs de famille, et que nous apprenons par Beaumanoir (Coutume du Beauvoisis, ch. L), que de nombreuses classes étaient en dehors de la taille. On ne saurait davantage prendre pour base la surface du sol qu'occupait l'ancien Paris, la comparer avec la superficie de la ville actuelle, et, d'après les appréciations modernes, supputer le nombre d'hommes qui vivent sur la surface d'un hectare, parce qu'il n'y a point ici d'unité bien fixe. Reste un mode unique d'appréciation, mais celui-ci est beaucoup plus sûr. Nous connaissons le nombre des *feux* de Paris. L'opinion générale que ce nombre était, au XIIIe siècle, de cinquante mille (Cart. de Notre-Dame, 84) a été confirmée par un document statistique de l'an 1328, récemment découvert, et qui porte : « en la ville de Paris et de Sainct Marcel trente-cinq « paroisses et soixante et un mille cinquante-huit feux. » (Bibliothèque de l'Ecole des chartes, II, 174.) Comme ce document est de ceux qui méritent une entière confiance, et que, d'un autre côté, le nombre moyen des personnes appartenant à un même feu peut être évalué à cinq, on peut facilement estimer le nombre total des habitants. Il s'élève, pour l'année rappelée ci-dessus, à trois cent cinq mille quatre cent quatre-vingt-dix, et doit, par conséquent, au XIIIe siècle, avoir dépassé deux cent mille. — Conférer Dureau de la Malle, Mémoire sur la population de la

France au XIVe siècle, dans les Mémoires de l'académie des inscriptions, XIV, II, 36, où se trouve la preuve qu'au XIVe siècle la population de la France était au moins de trente-quatre millions, comme aujourd'hui, et se trouvait dans des conditions d'accroissement rapide plus favorables que dans les siècles qui ont suivi.

VIII

IL serait difficile aujourd'hui d'établir des différences bien tranchées entre les divers quartiers d'une grande ville. Les différentes classes ne portent plus extérieurement des signes ostensibles de leur état; la civilisation a brisé toutes les barrières et détruit toutes les distinctions que les mœurs et la législation établissaient entre elles; il en résulte que dans les villes modernes toutes les divisions des quartiers ont perdu leur originalité ainsi que leur spécialité, et tendent de plus en plus à se fondre dans le même moule et à présenter un aspect uniforme.

Nos habits, nos maisons, nos rues, sont tous taillés sur le même patron, et tout caractère particulier en est aujourd'hui effacé.

Il en était autrement au moyen âge : alors se groupaient au contraire, les uns près des autres, les établissements, les industries et les professions similaires ; chaque classe de la société avait son quartier, ses habitudes, ce qui imprimait un cachet particulier à chaque division formée par les agglomérations, et donnait à la vie extérieure et à l'aspect même des habitations des caractères appropriés aux besoins et aux mœurs de ceux qui y demeuraient.

Aussi la division du vieux Paris en trois parties, celle de l'Ile ou Cité, de l'Université, sur la rive gauche de la Seine, et de la Ville, sur la rive droite, n'était-elle pas d'une origine administrative et ne servait-elle pas de base à une division de convention ; mais elle répondait aux professions et aux habitudes de la population qui se cantonnait dans chaque quartier.

IX

LE vieux palais des rois, et surtout la cathédrale de Paris, imprimaient à la cité sa véritable physionomie.

Le palais des rois n'avait pas l'éclat d'une cour, comme Versailles, sous Louis XIV. La monarchie n'était pas encore développée, et l'influence de la présence du roi se faisait peu sentir en dehors de l'enceinte des murs de son palais, où se rassemblait la cour judiciaire, germe du parlement ; quelques serviteurs habitaient seulement dans les rues environnantes, ainsi que le prouve le rôle de la taille de 1792 [1], et il fallait aller jus-

[1] Rôle de Taille de l'an 1292. Paroisse Saint-Barthélemi : Jancquin, vallet le Roy (p. 135), rue de la Barillerie ; Chacéer, vallet le Roy ; méson du Temple sus Grant Pont : Guillaume et Rogier, le portier le Roy (p. 137).

qu'au grand pont qui l'avoisinait pour constater de ce côté l'état et la profession des habitants, bien que les orfévres, qui occupaient d'abord les maisons de ce pont avec les changeurs, les drapiers, etc., se fussent peu à peu étendus jusque dans la principale rue de la Cité [1].

Le palais du roi fut même l'obstacle auquel vint se heurter le rapide accroissement de la population de la Cité, parce que tout le terrain de l'île, situé à l'ouest, faisait partie du jardin royal et empêchait ainsi la création de nouvelles rues et de nouvelles maisons.

La vénérable église de Notre-Dame, dont l'origine remonte au IVe siècle, se montra au contraire plus favorable au progrès de la population ; elle consistait, comme tant d'autres églises de l'époque, dans des groupes d'institutions cléricales, et elle-même formait encore au XIIe siècle deux églises indépendantes l'une de l'autre [2], car sa forme actuelle ne date que de 1163.

Non-seulement de nombreuses constructions ac-

---

[1] Rôle de Taille de 1292, p. 135, la rue de la Barillerie. Confér. *Dictionarius* de Garlandia, XXXVII. *Aurifabri sedent ante fornaces suas et tabellas super magnum pontem.*

[2] Au nombre des documents relatifs à l'histoire de l'architecture, il faut citer le *Preceptum cooperture ecclesie.* B. M. (Cartulaire de Notre-Dame, I, 297) de l'année 1123, aux termes duquel certains revenus sont affectés à l'entretien de la toiture. On ne pensait pas encore alors à une reconstruction.

cessoires s'appuyaient à l'église, mais encore son périmètre était couvert de fondations religieuses; la plupart des rues avaient leur sanctuaire ou leur chapelle, dont quelques-uns, comme Saint-Germain-le-Vieux, Sainte-Geneviève-des-Ardents, étaient remarquables par leur antiquité; d'autres, comme Saint-Éloi, étaient celèbres par les miracles qui s'y opéraient; ou, comme la Sainte-Chapelle du palais, par la richesse et l'élégance de leur architecture [1].

Sur le terre-plein de Notre-Dame s'élevait : d'un côté, le palais épiscopal dont les hautes tours donnaient une juste idée de la puissance féodale des évêques de Paris; et de l'autre côté, l'Hôtel-Dieu, administré par le chapitre, mais destiné dans son origine à être moins un hôpital qu'une auberge pour les pèlerins et un lieu de refuge pour les pauvres [2].

Vers le nord, se reliait à la cathédrale le cha-

---

[1] La Cité comprenait, d'après le Dit des rues, trente-six rues; les établissements religieux, en y comprenant la Sainte-Chapelle et l'église de l'Hôtel-Dieu, s'élevaient à vingt, parmi lesquels douze paroisses. Aujourd'hui l'église de Notre-Dame est à peu près seule consacrée au service divin; car, si la Sainte-Chapelle a été rendue au culte, elle n'est affectée jusqu'à ce moment qu'aux services judiciaires. Il est fait mention des pèlerinages à Saint-Eloi, dans le Dit des Moustiers. (*V.* Jubinal, nouveau Recueil, II, p. 104.)

[2] Conférer Lebeuf, Hist. du Diocèse de Paris, I, 26; Jaillot, Recherches sur la Ville de Paris, I, 41.

pitre des chanoines [1], si célèbre dans l'histoire de l'Université de Paris, qui, à son berceau, s'était recrutée surtout dans l'école claustrale de Notre-Dame.

Il est cependant à remarquer que, bien qu'au XIIIe siècle les écoles fussent encore situées dans les dépendances des églises ou des abbayes dont elles relevaient, telles que celles de Sainte-Geneviève et de Saint-Victor, il en était différemment de l'école de Notre-Dame, qui fut transportée du cloître sur l'autre côté de l'île, près la cour Épiscopale, parce que les chanoines se trouvaient fatigués du bruit que faisaient les écoliers [1]. Cette

---

1 La question que pose M. Guilhermy (Itin. archéol.) au sujet de l'aspect du cloître, est résolue très-clairement par le Cartulaire de Notre-Dame. Nous ne devons pas nous représenter ici une suite de cellules, ni le confondre avec la forme que présente un couvent de moines. Il consistait en trente-sept maisons, fermées par le dehors, ayant à l'intérieur des dispositions variées. La partie du cloître où étaient les écoles se nommait *Tresancia*, de *Trescens*, c'est-à-dire, d'après Roquefort, rentes rachetables, loyer ou prix d'un bail à ferme, biens que les chapitres séculiers sont dans l'usage de laisser à quelques-uns de leurs membres, sous la condition de les entretenir. Conférer Cartul. I, 338; II, 497; 544.

1 Cartul. I, 339 : « *Discreta providentia tam vener. Stephani, Paris. episc., quam conventus Par. eccl., evitando molestiam et inquietationem claustro inferri, statuendo concessit, ut neque scolares in domibus claustri ulterius hospitarentur, neque in illa parte claustri, que vulgo* TRESANCIE *nominantur, deinceps legerent, neque scole haberentur.* » (De pace reformata, etc., c. a. 1121.)

susceptibilité semble néanmoins peu d'accord avec la défense que le légat du pape, Odon, dut faire aux chanoines en 1245, d'avoir dans le cloître des ours, des cerfs, des singes, des lapins et autres animaux nuisibles ou inutiles [1].

Malgré cet éloignement des écoles de la cathédrale, la plupart des libraires n'en continuèrent pas moins à avoir leur boutique devant Notre-Dame. Les fabricants d'ornements d'église, les chasubliers, par exemple, se groupaient aussi autour de la métropole [2], tandis que les graveurs de sceaux, industrie alors importante, demeuraient dans le périmètre de la cour des Rois et de la cour Épiscopale [3].

D'après les rôles de la taille, un certain nombre de boulangers et de poulaillers étaient encore établis dans la Cité, ce qui s'explique par cette circonstance qu'il se tenait quotidiennement sur la

---

1 Cartul. II, 406 : « *Animalia nociva, inutilia seu jocosa veluti ursos, cervos, corvos aut simias, vel hujusmodi in claustro nutriri seu diucius conservari ulterius prohibemus.* »

2 Rôle de l'année 1292, p. 136, recto, p. 137, verso ; Rôle de l'année 1313, p. 152.

3 Tous les graveurs en *sceaux*, au nombre de huit, que Paris possédait en l'année 1292, demeuraient dans la rue Neuve-Notre-Dame, à l'entrée du parvis. Conf. Rôle, p. 147, verso, et 148, verso.

place de Notre-Dame un marché au pain, et tous les dimanches un marché à la volaille [1].

---

[1] Le Rôle de l'année 1292 fait compte de soixante-deux *talemeliers* et de quarante-neuf *poulaillers* à Paris. Dans ce nombre, vingt boulangers et seize marchands de volailles exerçaient leur profession dans la Cité. Les premiers habitaient presque exclusivement la *Juiverie* (p. 143); les autres la rue Neuve-Notre-Dame, la ruelle aux Coulons et la rue du Sablon, par conséquent à proximité de la cathédrale. Hors de la Cité, les marchands de volailles avaient leur principal lieu de réunion sur la rive droite de la Seine, derrière le Châtelet, dans la rue de la *Poulaillerie* (Rôle, p. 96). Il est fait mention du marché hebdomadaire des boulangers dans le statut de cette profession : Livre des Métiers, d'Etienne Boileau (édition de Depping, p. 16); du marché à la volaille dans le statut des poulaillers (*ibid.*, p. 179), et du marché aux œufs et au fromage (*ibid.* p. 34).

X

UN pont, dit le *Petit Pont*, construit en pierre et couvert de maisons, comme tous les ponts du moyen âge, reliait l'île avec la rive gauche de la Seine, qui était le centre de la vie scientifique et intellectuelle.

La plupart des colléges qui couvraient les côtés et la crête de la montagne Sainte-Geneviève et qui se sont conservés jusqu'à nos jours, sinon dans leur organisation primitive, du moins dans leur dénomination, ne furent fondés, il est vrai, que dans le XIVe siècle [1]; mais dès avant cette époque,

[1] Parmi les nombreux colléges dont on retrouve encore les traces dans les rues de la Harpe, Saint-Jacques, de la Montagne-Sainte-Geneviève et ailleurs, on n'en voit que fort peu de ceux

du temps de Saint-Louis, les écoles s'étaient groupées dans cette partie de la ville et lui avaient déjà imprimé une physionomie toute particulière.

Aux écoles qui s'appuyaient sur les deux abbayes de Saint-Victor et de Sainte-Geneviève, et à l'école de la rue du Fouare, située derrière l'église de Saint-Julien-le-Pauvre, se joignirent, dans le XIIIe siècle, les colléges des Dominicains, des Franciscains, et d'autres ordres monastiques, qui, à mesure que la science de la scolastique grandit sous cette nouvelle influence, vint diminuer la puissance de l'Université comme corporation [1].

L'Université n'aperçut pas d'abord les conséquences de ce mouvement de la science, quand les

---

existant au XIIIe siècle : la Sorbonne (1252); le collége de Calvi, réuni à la Sorbonne; les colléges des Bernardins, Mathurins, Prémontrés, et la Congrégation de Cluny; celui du trésorier de Notre-Dame (1269), de Harcourt (1280), et des Cholets (1289). Antérieurement à ceux-ci, on trouve la fondation du comte Robert de Dreux, pour les étudiants pauvres, sous le patronage de saint Thomas de Cantorbéry (Saint-Thomas-du-Louvre), qui, en raison de sa situation éloignée du centre des études parisiennes, perdit de son importance, tout aussi bien que le collége *des Bons-Enfants*, sis derrière Saint-Honoré. Le collége *des Dix-Huit*, au parvis Notre-Dame, fut contraint, par la même raison, de se transporter sur la rive gauche de la Seine, dans la rue de la Sorbonne.

1 Conf. *Historia Universit.* Paris, auctore C. E. Boulaco. Paris, 1665, III, 240, et la Complainte de Guillaume de Saint-Amour, et li Dit de la Descorde de l'Université et des Jacobins, de Rutebeuf (édit. Jubinal), I, 70 et 151.

Dominicains commencèrent leurs travaux, et que, les recevant sur son territoire, elle leur assigna une maison dans la rue Saint-Jacques; mais elle sentit bientôt la puissance attractive de cet ordre plein de vie et d'action, et elle fut, comme le dit un poëte contemporain, Rutebeuf : « *Mise par les* « *Dominicains du trot au pas* [1]. »

L'Université vit encore, et bien que sa puissance, sa considération et même son organisation se fussent modifiées par la concurrence que lui firent les Jacobins, qui peu après s'emparèrent de la plupart des chaires de théologie, et sortirent vainqueurs des débats fort aigres qui durent être portés jusque devant le pape, néanmoins l'accroissement de la population sur la partie méridionale de la ville ne s'en ressentit pas.

Tous les ordres dont les membres étaient adonnés aux études savantes et dont la fondation avait ce but, furent attirés de ce côté et s'y établirent, à l'exception *du Val des Écoliers* qui se fixa sur l'autre rive, près la porte Saint-Antoine, bien que l'institution eût pris naissance au sein de l'Université [2].

---

[1] La Descorde de l'Université et des Jacobins (v. 37), dit des Jacobins :

« L'Université ne si membre
« Qu'il ont mise du trot au pas,
« Quar tel herberge-on en la chambre
« Qui le seignor gète du cas. »

[2] Quatre professeurs de l'Université de Paris s'étaient, au commencement du XIIIe siècle, retirés dans une solitude de la

En dehors des établissements universitaires ou scientifiques, la ville de la rive gauche ne présentait rien de remarquable ; car l'abbaye de Saint-Victor, comme celle de Saint-Germain-des-Prés, qui touchaient au célèbre Pré-aux-Clercs [1], étaient situées hors de l'enceinte.

Dans l'intérieur de la ville, beaucoup de rues étaient encore interrompues par des champs, des vignes, qui donnèrent même leur nom comme annexe à plusieurs voies publiques, ou à des églises comme à celle de Saint-Symphorien.

Un poëte contemporain assure qu'il y avait certaines rues habitées par des gens hâlés par le soleil, tandis que dans d'autres on brûlait des piquets de vignes, et les documents de l'époque prouvent que ce fut dans le XIIIe siècle que ces champs et ces clos

---

Champagne, où, suivis bientôt par de nombreux adhérents, ils formèrent, en 1219, un véritable ordre. Dix ans après, cet ordre fut transféré à Paris, où un bourgeois, à l'instigation de Jean de Milly, trésorier du Temple, leur fit don de trois journaux de terre ; les sergents d'armes du roi, accomplissant un vœu fait à la bataille de Bouvines, élevèrent l'église de Sainte-Catherine de la Coulture. La table commémorative de la pose de la première pierre existe dans la première chapelle à gauche de la crypte de Saint-Denis.

[1] La superficie du Pré-aux-Clercs était de trente arpents ; la rue de l'Université actuelle le longeait, et il était traversé par la rue des Saints-Pères et la rue du Bac. Conf. Revue archéol., 1855, liv. VII.

de vignes furent successivement bâtis et remplacés par des rues nouvelles [1].

Les ouvriers de luxe et la grande industrie fuyaient naturellement cette rive, où le commerce se trouvait limité aux objets de consommation et à certaines professions, tels que les marchands de parchemins et les écrivains ou peintres de manuscrits, qui peuplaient les uns la rue Erembourc, et les autres la rue aux Ecrivains; tandis que les carrières et la montagne Sainte-Geneviève étaient habitées par de nombreux ouvriers maçons ou tailleurs de pierre [2].

---

1 En l'année 1238, Jean de Chetenville vendit son vignoble dans le clos Saint-Étienne-des-Grès à l'évêque Guillaume. Dans une convention entre l'évêque Odo et l'abbé de Sainte-Geneviève, de l'an 1200, il est parlé comme d'une possibilité de la construction de maisons dans le clos Mauvoisin (entre la rue Saint-Jacques et la rue Garlande). La même convention fut faite avec la paroisse Saint-Étienne-du-Mont : « *Si quando illud habitari contigerit.* » Le Cartulaire de Sainte-Geneviève, fol. 59, nomme, en l'année 1202, le clos Bruneau (derrière la rue des Noyers), *vinea de Brunello;* et si, dans le *Dit des Rues* (vers 100), il est dit : « Ou l'on a rosti maint bruliau, » cela doit s'entendre des sarments et des échalas qui ont été brûlés. Dans le même livre, la *rue Pavée*, dans le voisinage de la terre de Laas, est ainsi caractérisée :

« En la rue Pavée alé,
« On a maint visage halé. »

Conf. Sauval, liv. VIII, 377, et Preuves, p. 53.

2 Le rôle de l'année 1292 fait mention de treize enlumineurs, dont neuf dans la rue Erembourc-de-Brie, quatre dans l'Université. Bien que nous ne soyions pas à même d'attribuer certains

ouvrages déterminés à quelques-uns d'entre eux, cependant nous ne devons pas les laisser dans l'oubli. Peut-être est-il réservé à l'avenir de déterminer quelle œuvre est due à l'un ou l'autre de ces artistes. Ces peintres de manuscrits se nommaient : Raoul, Bernar, Baudouin, Nicolas, Guiot, Honoré, Richart de Verdun, sire Jehan, sire Heude, Climent, Grégoire, Courrat et Jehan l'Englois. Parmi les dix-neuf parcheminiers, neuf exerçaient (d'après le Rôle) leur profession dans la rue aux Ecrivains. Tous les tailleurs de pierre que Paris comptait en l'année 1292, à l'exception de deux; trente-sept maçons sur cent quatre; quatorze chaufourniers sur trente-six, avaient établi leur demeure dans l'*Université*.

XI

Quiconque recherchait le luxe et la parure, aimait à avoir un grand choix et regardait à la qualité de la marchandise, devait se rendre sur l'autre rive du fleuve, où s'étendait chaque jour le foyer de la vie industrielle et commerçante.

Pour passer d'une rive à l'autre, il fallait nécessairement traverser la Cité; car il n'y avait pas alors de communication directe entre elles : le pont qui débouchait du quartier de l'Université conduisait à la Cité, et c'est aussi dans l'île qu'aboutissaient également les deux ponts qui desservaient la rive droite; savoir : le pont de bois appelé *Planche de Mibray,* et placé sur le bras de la Seine à l'endroit qu'occupait autrefois le pont Romain, et le *Grand-Pont* construit par Charles le Chauve [1].

[1] Il règne une grande incertitude sur la situation des ponts qui furent successivement bâtis dans le cours du moyen âge. On peut considérer toutefois comme exact, et confirmé par les fouilles les plus récentes, ce que dit M. Berty dans son article sur le *Pont de change* (Revue archéol., 1855, livr. IV). Le pont de bois du temps des Romains était nécessairement la continuation de la voie romaine qui conduisait à Orléans; il était donc dans la direction de la rue Saint-Jacques et sur la ligne que décrit le *Petit-Pont*. Il suit de là que ce pont a dû occuper la place du *Pont-Notre-Dame* d'aujourd'hui, lequel, au moyen âge, portait le nom de Planche de Mibray (demi-bras), et était composé des mêmes matériaux que le pont romain. Charles le Chauve, inquiété par les attaques des Normands, voulut accroître les moyens de défense de la ville, et, comme le pont romain ne remplissait pas son but, il fit bâtir un nouveau pont en pierre, ainsi qu'il est dit dans sa charte y relative (Cart. N. D., I, 244) de l'année 862 : *Extra urbem, supra terram monasterii S. Germani sub urbio commorantis.* Ce pont prit le nom de *Grand-Pont*, fut, à partir de 1141, couvert de boutiques de changeurs, et, après avoir gravement souffert en l'année 1280 (Chronique de Saint-Magloire, v. 140), s'écroula en 1296. Un nouveau pont, également occupé par des changeurs, mais en bois et sur un emplacement différent, fut construit en 1312. Ceci est établi par une charte de Philippe VI, de l'année 1330, dans laquelle ce prince se réserve certains droits : « Reservé à nous et à nos successeurs, que toutefoiz que nous ou euls vouldrons reffaire grand pont là où il « souloit estre de pierre anciennement. » A partir du XIVe siècle, le vieux Grand-Pont fut remplacé par deux ponts, le *Pont-aux-Meuniers* et le *Pont-aux-Changeurs*, lesquels se réunissaient à angle aigu dans la rue Saint-Barthélemy de la Cité, et flanquaient à droite et à gauche l'ancien *Grand-Pont*, dans la direction de l'extrémité de la rue Saint-Barthélemy, vers la porte du grand Châtelet. Le *Pont-aux-Meuniers*, nommé aussi plus

C'était sur la rive droite que la bourgeoisie avait sa principale assiette et qu'elle dominait, de même que l'élément clérical dans la Cité, et l'élément scientifique et universitaire sur la rive gauche; or, comme dès le XIIIe siècle la bourgeoisie formait déjà le levier de la royauté contre la féodalité, il en résultait une alliance naturelle qui trouvait son expression dans l'emplacement qu'occupaient les principales institutions municipales : c'est ainsi que le Châtelet et le Parloir aux Bourgeois vinrent se placer successivement sur la rive droite.

A peine avait-on franchi le Grand-Pont, qu'on se trouvait devant le Châtelet, où siégeait le prévôt de Paris, dont les fonctions avaient cessé d'être tenues à ferme depuis saint Louis, qui en avait fait un fonctionnaire relevant directement de son autorité, exerçant sa juridiction au nom du Roi, et prenant une part importante à l'administration et à la police municipale, comme lorsqu'il faisait recueillir et déposer au Châtelet les règlements des diverses corporations.

Une rue étroite séparait le Châtelet du Parloir des Bourgeois, le précurseur de l'Hôtel-de-Ville,

---

tard, à partir de 1599, *Pont-Marchand*, fut incendié en 1621. Le *Pont-aux-Changeurs* eut le même sort, et alors s'éleva une nouvelle construction qui, avec la même direction que le *Pont-aux-Meuniers*, confinait dans sa partie septentrionale, ainsi que l'ont prouvé les dernières fouilles, avec le pont de Charles le Chauve : c'est le *Pont-au-Change*.

qui ne fut transporté sur la place de Grève qu'en 1357, et qui se trouvait antérieurement et avant que le gros de la population ne se fût porté sur la rive gauche dans le quartier de l'Université, derrière les Jacobins [1].

Aux environs du Châtelet étaient établis, de temps immémorial, les bouchers formant au milieu des diverses professions qui s'y rattachaient une espèce de classe aristocratique, prétendant dès lors au monopole, et dont les priviléges se sont maintenus jusque dans ces derniers temps. De la grande boucherie on était ramené, par la rue de la Tannerie, sur la place de Grève, qui formait, depuis 1151, le port principal de Paris, mais qui ne suffisait plus aux besoins toujours croissants du commerce, ce qui amena la création, en 1213, d'un second port sur le quai de l'École [2].

Les rues qui aboutissaient à la rivière étaient

---

[1] L'existence d'un *parloir aux bourgeois*, derrière les Jacobins, entre la porte d'Enfer et la porte Saint-Jacques, est prouvée par un extrait des Comptes de la Ville, des années 1366-1368, où il est parlé de la *maison de la ville*, qui est derrière les Jacobins. (Sauval, Preuves, 126.) Les fondations de cet édifice ont été retrouvées récemment, à l'occasion des travaux exécutés dans la rue Soufflot. Conf. Lenoir, Statist. monum.

[2] Conf. la Charte de Louis VII, de l'an 1141, et celle de Philippe-Auguste, de l'an 1213, dans Felibien, I, p. 95 et 98. Au XVe siècle, la place de Grève était encore « l'estaple des vins, du bois, de charbons, de foing et autres marchandises en *nefz*, c'est-à-dire amenées par eau. » Guill de Metz, p. 66.

occupées naturellement par les professions qui en tiraient leurs moyens d'existence : c'est ainsi que les poissonniers, les bateliers, les déchargeurs, mesureurs, les aubergistes, les marchands de bois et de foin, les tanneurs et les mégissiers demeuraient dans les rues adjacentes [1]; mais c'était dans le centre même de cette rive que l'activité industrielle avait pris son essor.

Là se groupaient les armuriers, les fabricants de cottes de maille, les haubergiers, les boucliers, les arçonneurs, les gaîniers, les lormiers, les selliers [2], la plupart des ouvriers en cuir [3], les tailleurs et les

---

[1] Conf. Rôle de Taille de l'année 1292.

[2] Si l'on extrait du Rôle de l'année 1292 les différentes professions, et qu'on les classe par quartiers, on trouvera les rapports suivants :

Paris comptait en tout :

« 22 armeuriers..........	dont	19	appartenaient à la Ville.
« 4 haubergiers..........	—	4	id.
« 8 archiers.............	—	7	id.
« 36 bouc liers...........	—	32	id.
« 35 forbeurs.............	—	20	id.
« 6 arçonneurs..........	—	6	id.
« 52 gueiniers (gaîniers)....	—	46	id.
« 39 lormiers.............	—	37	id.
« 51 selliers..............	—	44	id. »

[3] En ce qui concerne les ouvriers en cuirs, le Rôle de l'année 1292 donne les rapports suivants :

« Sur 23 mégissiers que compte Paris, 22 habitent la Ville.

« — 22 corroyeurs................ 13 id.

ouvriers en bâtiments [1], les fabricants de meubles, tels que les bahutiers et les coffriers [2], les ouvriers d'objets de luxe ou d'art, comme les drapiers, les orfévres, les crespiniers, les tisseurs de tapisseries, les imagiers, les merciers [3].

Le grand marché se trouvait également sur la

« Sur 20 bazenniers................ 15 habitent la Ville.
« — 15 baudraiers................ 14 id. »

Le commerce des cuirs et fourrures était aussi concentré dans la Ville, où, sur un total de 214 peletiers, 151 exerçaient leur profession.

1 Paris comptait en l'année 1292 :

« 82 tisserands............	dont en ville	74.
« 124 tailleurs..............	—	71.
« 15 tailleurs de robe.......	—	11.
« 61 chauciers.............	—	40.
« 45 boursiers.............	—	34.
« 47 chapeliers............	—	43.
« 95 ébénistes.............	—	72.
« 27 serruriers............	—	23. »

2 On sait qu'au moyen âge les coffres et bahuts étaient des meubles fort en usage. Les coffriers (17) et les bahutiers (2) habitaient la Ville.

3 Paris comptait en 1292 :

« 19 marchands de drap.....	dont en ville	15.
« 24 foulons...............	—	22.
« 15 teinturiers............	—	15.
« 70 merciers.............	—	49.
« 116 orfévres..............	—	91.
« 24 tapissiers.............	—	24.
« 32 crespiniers...........	—	32.
« 24 ymagiers.............	—	19. »

rive droite, au nord, en dehors du vieux mur et près de l'église et du cimetière des Innocents, sur un grand espace non bâti, appelé Champeaux, ou *Campellus*[1], où se tenait la foire de novembre de Saint-Hadre, depuis l'année 1183, et, plus tard, des marchés réguliers, hebdomadaires et journaliers. Ce fut Philippe-Auguste qui commença à y faire construire des halles pour abriter les marchands et qui fit enclore le terrain; on ajouta successivement une halle à l'autre, puis on les entoura de longues galeries formant des rues; on adapta aussi des échoppes aux halles principales, et on finit par se servir des murs de clôture du cimetière, pour y étaler les marchandises et faire des abris où on hébergeait la foule toujours croissante des marchands qui venaient y trafiquer des produits de tout le pays[2].

---

1 Le Cartul. de N. D., I, p. 269, pour l'an 1136, contient une convention, entre le roi Louis VI et l'évêque de Paris, sur la juridiction « *in loco, qui in suburbio Parisiensi campellus vocatur.* » Ce faubourg était environné d'un fossé.

2 Conf. anonyme de Senlis, cap. III.

XII

En sortant des portes de la ville, on trouvait d'abord, près du mur avoisinant le fleuve, *le Louvre*, création de Philippe-Auguste, dont la forme primitive tenait peu du palais, mais plutôt du donjon et du château fort, et se distinguait moins par sa magnificence et son élégance que par sa solidité.

La grosse tour, dite Tour-Neuve, souvent citée comme prison d'Etat, formait la partie principale de la construction; elle était située au milieu de la cour intérieure, entourée d'un fossé profond et reliée par une galerie en pierre au corps de logis, dans l'aile orientale de laquelle saint Louis fit construire plus tard une chambre qui a conservé son nom [1].

Ce ne fut que dans le siècle suivant que le Louvre prit un aspect plus brillant et plus artistique, et ce ne fut qu'après son agrandissement par Charles V, qu'il répondit par la richesse de ses façades à sa destination de demeure des rois et de séjour de la cour [2].

---

[1] Les plus anciens documents qui fassent mention du Louvre datent de Philippe-Auguste; le premier, de l'an 1204, a trait au droit de possession de l'église Saint-Denis-de-la-Chartre (petit Pastoral de Notre-Dame); l'autre, de l'année 1209, qui fait l'échange d'une rente, que l'évêque percevait sur le terrain du Louvre, contre une que le roi tirait d'une maison sise *in campellis* (Cartul. N. D., I, 68). De ce que dans ce dernier document, il est parlé de nouvelles murailles et d'une nouvelle tour, « *infra ambitum novorum murorum nove turris,* » indication qui se retrouve dans les chroniques de Ricord et de Jean de Saint-Victor, on ne doit pas conclure nécessairement qu'il fut question de la reconstruction d'anciennes bâtisses. Le contraire est plus vraisemblable, d'après cette circonstance qu'en dedans de l'enceinte du Louvre existaient encore, en 1209, plusieurs habitations particulières (*mansuræ*). Il faudrait en juger autrement si les derniers mots d'un privilége accordé en 1061, aux chandeliers de Paris, sont authentiques. On y lit en effet (Ordon. XVI, 285) : « Donné à *Louvres en Parisis,* au mois de juillet, l'an de grâce mil soixante-un, et de notre regnement le premier. » Le Louvre aurait donc existé en 1061, sous le règne de Philippe Ier.

[2] Les noms de plusieurs artistes que Charles V employa à la construction du Louvre sont connus; nous les donnons ici pour combler une lacune dans l'histoire de l'art au moyen âge. La bâtisse fut dirigée par Raymond du Temple; les sculpteurs furent Jean de Liége; Jean de Launay; Jacques de Chartres; Guy

de Dampmartin, et notamment Jean de Saint-Romain, qui non-seulement prit part avec les autres à la décoration intérieure, mais encore sculpta un sergent d'armes à l'entrée des appartements royaux, et couronna la façade du pont-levis par une statue du roi Charles V. On doit au même artiste de nombreuses esquisses destinées à des peintures sur verre. (Conf. Sauval, t. II, 23.)

XIII

AVANT que le roi Philippe-Auguste n'eût étendu les murs d'enceinte, plusieurs châteaux protégeaient en quelque sorte la ville, comme le feraient des avant-postes. La nécessité de pourvoir par eux-mêmes à leur défense, ainsi que l'étendue indispensable des annexes que comportait alors un château, tels que jardin, cour, prés, éloignaient nécessairement ces habitations du centre de la Cité ; mais peu à peu elles furent incorporées à la ville : c'est ce qui arriva pour l'hôtel d'Alençon, l'hôtel des comtes d'Artois, les deux hôtels de Nesle, sur les deux rives de la Seine, le palais du roi de Sicile et de Navarre, celui des comtes de Rouen, etc. Quelques-uns seulement, tels que les hôtels des comtes de Bretagne et de Flandre, des évêques de Châlons, la maison de saint Louis au faubourg Saint-Marceau, le Temple, quelques abbayes et établissements religieux étaient encore situés hors l'enceinte de la ville à la fin du XIIIe siècle, attendant que le flot toujours croissant de la population vînt les étreindre et les y faire entrer; mais ce moment n'était pas venu, et il y avait dans le nord de Paris de nombreuses pièces de terre cultivées en vignes, ou produisant des légumes et des fleurs. Les noms de Courtille et de Marais rappellent cet ancien état des lieux, qui, bien qu'il ait cessé d'être depuis longtemps [1], n'a pas disparu aussi rapidement qu'on pourrait le supposer; car, si des documents remontant à saint Louis nous apprennent que ces terrains commençaient déjà à se couvrir de maisons, il en existait encore des parcelles au XVe siècle, parmi lesquelles il faut compter les cultures de Saint-Eloi et du Temple [2].

[1] Les noms et les délimitations des courtilles et coultures se trouvent dans Sauval, I, 66, et dans Félibien, I, 274. Le passage du texte relatif aux courtilles donne la clef de l'expression moqueuse : *vin de la Courtille*, et de cette définition du Livre des Métiers (p. 276), que l'on doit entendre par *courtillage* les poireaux, pois et fèves en cosse : « Courtillage, c'est à savoir, toute « manière de porées, pois noviauz, fèves noveles en cosse « vert. »

[2] On trouve dans le cartulaire de Saint-Maur un document de l'année 1269, d'après lequel une partie de la coulture Saint-Eloi est aliénée, sous la condition d'y élever des maisons. Pour les cultures existant au XVe siècle dans la coulture du Temple, V. Sauval, I, 72.

Telle nous apparaît la carte topographique du vieux Paris au XIIIe siècle ; sa connaissance facilitera la description des habitations, de la vie, des usages et des mœurs de ses habitants à cette époque.

XIV

LA manière de vivre au moyen âge, et en ce qui concerne spécialement Paris, le grand nombre de feux constaté par les rôles de la taille, eu égard à sa population, ainsi que les ordonnances de police telles que celles qui défendaient à un commerçant d'appeler l'acheteur tant qu'il se trouvait devant le magasin du voisin[1], ne font pas supposer que les maisons fussent très-grandes et ressemblassent à ces espèces de casernes modernes dans lesquelles les familles demeurent par douzaines, dont les cours, les escaliers et les palliers appartiennent à tout le monde, et dont les cuisines et les chambres à coucher peuvent à peine être soustraites aux yeux des étrangers.

---

[1] Livre des Métiers, statut des peintres et selliers, p. 213 : « Nus ne doit acener (attirer par signe) nul achateur qui soit par « devant autrui estal, ne devant autrui meison. »

Alors même que la distribution intérieure d'une maison du moyen âge n'aurait pas été un obstacle à la réunion de plusieurs familles, la nature tortueuse et le peu de largeur des vieilles rues suffiraient pour indiquer que les maisons étaient généralement petites et étroites.

Les habitations du XIIIe siècle différaient entre elles selon leur destination, et la maison du bourgeois était loin de ressembler à l'hôtel seigneurial; mais toutes deux avaient une distribution qui faisait que les chambres et les appartements de la famille étaient séparés de ceux où les étrangers étaient reçus.

Ainsi la maison de l'artisan qui débitait lui-même les objets qu'il fabriquait et qui comprenait tout à la fois son logement, son atelier et sa boutique, donnait sur la rue et se formait de sa fermeture qui, en s'ouvrant et se séparant en deux volets, faisait de la partie supérieure un auvent incliné de manière à servir d'abri contre le soleil ou la pluie, et de l'autre partie le comptoir sur lequel la marchandise était exposée aux regards de la pratique, qui restait toujours en dehors.

L'atelier ou l'ouvroir était au fond de la boutique [1], d'où un escalier conduisait ordinairement

---

[1] La preuve indirecte de cette disposition se trouve dans la défense faite aux tailleurs et *boucliers* (pour ceux-ci, dès le temps de Philippe-Auguste) de travailler autrement qu'en face de la rue. Conf. Livre des Métiers, p. 59 et 413.

à l'étage supérieur, et un autre à la cave; mais on arrivait toujours directement de la rue par un pallier ou un escalier aux chambres d'habitation, et en premier lieu à la salle qui réunissait la famille pour les repas et servait à la réception des étrangers; dans les maisons d'un rang plus élevé, la cuisine était généralement séparée de l'habitation, et on y accédait par un escalier spécial, ou encore elle était placée dans une construction sur la cour, avec son issue particulière.

Les hôtels ou les palais comprenaient un grand espace renfermant, outre le corps de logis principal, des cours, des jardins, des écuries et des logements pour les étrangers et les serviteurs; de la porte principale on arrivait droit vers une grande salle où se rassemblaient les vassaux, où se tenaient les assemblées et où se rendaient la justice.

Des escaliers tournants et dérobés facilitaient l'accès des appartements de la famille; ces appartements étaient établis irrégulièrement, selon les besoins, formant tantôt des saillies et tantôt se rapetissant dans l'épaisseur des murs. Quant aux familles moins riches, elles se contentaient le plus souvent d'une seule chambre à coucher touchant à la salle et éclairée par de simples ouvertures étroites, dites *pertuis*.

Au-dessus de la chambre se trouvait généralement le *solier*, qui n'était accessible que par un escalier extérieur : c'était le lieu le plus sûr où le chef de famille cachait son avoir et où se réfugiait la famille elle-même en cas de danger.

Une maison ainsi distribuée répond peu à nos idées modernes, et elle nous paraîtrait manquer aux conditions essentielles de la symétrie; ainsi la petite porte d'entrée, destinée aux usages nocturnes et pour les piétons, à côté de la grande porte cochère, les jours placés près des grandes fenêtres, choqueraient le sentiment de la régularité; et si l'on s'attache aux principes de l'architecture bourgeoise de notre époque, d'après lesquels la maison est trop souvent subordonnée à sa façade, on trouvera les habitations du moyen âge critiquables à plus d'un titre; mais si, au contraire, on les met en rapport avec la manière de vivre de leurs hôtes, il faudra convenir qu'elles étaient en harmonie avec leurs besoins, et que le goût ne faisait pas défaut dans leur ornementation.

XV

ENTRONS pour un instant dans une chambre à coucher, ce qu'on appelait la *chambre;* le lit, garni de matelas de plumes et de coussins, était placé de manière à ménager une ruelle entre lui et le mur; à proximité se trouvait le coffre aux habits, ou au moins la *pertica* ou tringle attachée aux murs, sur laquelle se suspendaient les vêtements; en face du lit il y avait une large cheminée, sous le manteau de laquelle était une petite fenêtre percée de manière à voir au dehors tout en se chauffant; les murs étaient recouverts de tapisseries ou de boiseries, et les poutres sculptées avec art [1]. Dans le renfoncement de la fenêtre se remarquait une riche cage à oiseaux, à moins que, comme dans les palais, une chambre tout entière ne leur fût destinée,

[1] Conf. Roman du Renart, v. 22162; la Guerre de Troyes, etc.

et le sol était couvert de tapis ou simplement de nattes de jonc, selon la richesse des habitants [1].

Cependant à côté de cette ornementation se remarquaient des usages qui semblent former contraste. C'est ainsi que dans le XIIIe siècle on se servait moins de siéges que dans les temps antérieurs. A la suite des Croisades s'introduisit la mode de s'asseoir sur des coussins et des tapis ; à leur défaut le lit même servait de siége [2]; et, tandis que les cuillers d'argent se comptaient déjà par douzaine, les fourchettes n'étaient pas considérées comme indispensables, et les princes eux-mêmes ne les avaient que par unité [3].

---

[1] Conf. Partonopeus de Blois :

« Et n'ert pas jonchié de jonc,
« Mais d'Inde flor de violete, »

et aussi les *Crieries de Paris*, v. 74 : « J'ai joncheure de jagliaus (iris) ; » et du Cange au mot *joncliare*. L'usage général d'avoir des oiseaux en cage est établi par un passage des Fabliaux (édit. Méon, II, 53.

[2] Conf. Joinville : « Je le vis (le roi), un chapel de paon blanc « sur sa teste, et faisoit estendre tapis pour nous seoir autour « li, et il (le roi) s'asseoit au piés de son lit. » Les fauteuils, aussi bien que les chaises, étaient des meubles de luxe, rares, pour la fabrication desquels il fallait les talens réunis des ciseleurs, orfévres et peintres. Dans les palais royaux, le soin de ces meubles, aussi bien que celui des voitures, était dans les attributions des peintres de la cour. Conf. Comptes royaux.

[3] Conf. les citations des Inventaires de France au moyen âge, que M. Delaborde a rassemblées dans la deuxième partie de sa Notice des émaux, etc.

XVI

L'UNIFORMITÉ des meubles de cette époque et leur petit nombre appellent aussi l'attention ; on concilie difficilement les coffres et les bahuts indiqués aux inventaires, avec la richesse et la beauté artistique des nombreux objets et des vases de métal qui y sont portés : c'est que le mobilier nécessaire à tous les besoins manquait trop souvent, même dans les résidences royales habitées de temps immémorial, ainsi que le prouvaient les ordonnances qui défendaient de prendre aux Parisiens des coussins et des matelas pour les gens de la suite du roi [1].

Cette pénurie s'explique en partie par l'habitude

---

[1] Ordonnance de Louis VII, de l'an 1165, datée de Sens, et renouvelée en 1315 par Louis X. (Ord. des rois, II, 434.).

qu'avaient alors les seigneurs français de changer souvent de résidence; les meubles les plus essentiels, tels que les bois de lit et les dressoirs, étaient seuls à demeure dans les palais et les châteaux, le surplus suivait les maîtres dans leurs pérégrinations ; on déballait à l'arrivée, on remballait au départ, et il en résultait que la forme des meubles était calculée de manière à faciliter leur transport à dos de cheval et en diminuer le nombre ; c'est ainsi que les pieds de table étaient mobiles [1], que les coffres et les bahuts dans lesquels le mobilier se transportait se convertissaient en bancs et en table à l'arrivée [2], et tenaient presque lieu de tous les autres meubles.

[1] Les *trestelli fortes* dont parle Jean de Garlandia sont les tréteaux de cette table de campagne.

[2] On trouve ces énonciations dans tous les romans du temps, aussi bien que dans les inventaires et comptes royaux. Les bahuts, ces grands meubles munis de tiroirs, n'étaient primitivement que des coffres avec leurs accessoires. Conf. M. Delaborde, Glossaire, verb. baghe, bahut, coffre, châlits, huche, etc.

XVII

ON pourrait souhaiter d'avoir des notices plus complètes sur les vieilles maisons de Paris [1] ; mais, telles que nous les connaissons, elles peuvent servir à nous initier à la vie du moyen âge, qui était loin d'être aussi

---

1 Malgré toutes nos recherches, nous n'avons pu trouver une description d'une maison de Paris au XIIIe siècle. Jean de Garlandia, dans son Dictionnaire, donne la description d'une de ces maisons à la fin du XIe siècle; Guillebert de Metz en décrit une du commencement du XVe. Bien qu'aucune de ces descriptions ne puisse parfaitement s'adapter à l'époque qui nous occupe, cependant, si l'on a égard à la stabilité des usages au moyen âge, cette description conviendra d'une manière générale. Jean de Garlandia (Dictionnaire, c. LIII, édit. Giraud, p. 601) met au nombre des meubles d'un bourgeois aisé les objets suivants : la table avec sa serviette à franges lui servant de tapis, de hauts trépieds, de forts tréteaux, les chenets et autres *focalia*, la pincette, les bancs et pupitres, les couchettes et coffres (*fercula*).

uniforme et aussi pastorale que pourraient le laisser supposer des meubles en bois si peu variés de formes.

Le goût de la magnificence et du luxe était dès

---

de grands et petits coussins, des oreillers, un crible, une roue à godets, une jatte à lait, un pot à fromage (*cascarium*) et une souricière.

Guillebert de Metz se complaît avec amour dans la description de l'habitation de maître Jacques Duchié, laquelle était située rue des Prouvaires, dans le voisinage des halles. La porte d'entrée était ornée de riches sculptures, la cour animée par la présence de paons et autres oiseaux. Dans une première salle on voyait des tableaux, des sentences inscrites sur des tablettes; dans une autre, plusieurs instruments de musique; dans une troisième, un échiquier et d'autres jeux. Dans la chapelle, un pupitre mobile pouvait à volonté être rapproché ou éloigné. Guillebert donne encore la description de plusieurs autres pièces dans cette maison : la chambre d'étude, revêtue de pierres d'un grand prix; des chambres renfermant des tables artistement ciselées, ornées de couchettes, de draps riches et de tapis brodés. Il loue beaucoup la riche salle d'armes, et surtout une chambre située *pardessus tout l'ostel*, dont les fenêtres avaient vue sur toute la ville, où les mets étaient montés à l'aide d'une machine. Il n'oublie pas, en terminant, de mentionner les sculptures dorées qui brillaient sur les créneaux. (Description de Paris, p. 67.) Conf. le Ditté des choses qui faillent en ménage et en mariage dans le Recueil de Contes, par Jubinal, II, 162, où les meubles meublants sont décrits à peu près de la même manière que fait Jean de Garlandia. On trouve aussi quelques détails particuliers sur la distribution et l'aménagement d'une maison au moyen âge dans les fabliaux suivants : D'Aubérée, la vielle maquerelle (Jubinal, I); du Prestre crucifié (Méon, I); le Povre Clerc (*ibid.*); d'Estourmi (édition Barbazan); de la Bourgoise d'Orliens; des trois Aveugles de Compiengne (*ibid.*).

lors aussi vif qu'il peut l'être aujourd'hui, seulement il se manifestait d'une autre manière et se portait sur d'autres objets.

Lorsqu'on entrait dans une salle de réception, l'apparence en était assez simple; mais il en était différemment lorsque les bahuts et les coffres qui les meublaient étaient ouverts, et que les riches étoffes qu'ils renfermaient étaient exposées aux regards des visiteurs, lorsque les tables et les dressoirs étaient couverts de ces innombrables vases de luxe, chefs-d'œuvre des orfévres du moyen âge restés encore maintenant sans rivaux. Là se remarquaient des fontaines en or, en argent, en cristal, couvertes de pierres précieuses et d'émaux accusant les formes les plus diverses; des brasiers, des trépieds, des salières, des aiguières, dont l'utilité s'expliquait surtout par l'usage de manger à deux dans le même plat et sans fourchettes; de nombreuses coupes, des hanaps, des gobelets et puis des languiers richement enchâssés, avec lesquels on goûtait aux plats pour s'assurer que les mets n'étaient pas empoisonnés[1]; des boîtes à secret inventées

[1] Le moyen âge attribuait aux langues de serpents, à la corne de la licorne et à quelques pierres, la propriété de faire reconnaître le poison mêlé à des aliments. Les premières surtout figuraient à ce titre sur la table des grands, et y recevaient toute espèce d'ornements. Elles étaient garnies de pierres précieuses, attachées à des chaînes d'or, suspendues à un arbre d'argent ou fixées à la salière. Conf. M. Delaborde, Glossaire, verb. espreuve, essay, languier, salière.

également en crainte du poison, et travaillées sous la forme d'un navire, d'où leur nom de *nefs ;* des plats à fruits, des coupes, des bassines à confitures, des dragouers, et bien d'autres ustensiles dont l'usage et même le nom sont devenus difficiles à constater.

Tel était le luxe du XIIIe siècle ; on y employait la majeure partie de la fortune, et la richesse se mesurait sur la valeur et le nombre des bijoux et de tous les objets en or que l'on possédait. La masse de pierres précieuses et d'œuvres d'or travaillées, ciselées, que le roi Philippe-Auguste laissa à sa mort, représenterait aujourd'hui une valeur de 294 millions de francs [1]. De semblables trésors n'étaient pas seulement l'apanage du roi : les princes et les comtes de son royaume luttaient de luxe avec lui et accumulaient des masses d'or qui rappellent les richesses orientales, ainsi que le prouveraient au besoin les inventaires du temps.

---

[1] Mémoire sur l'appréciation de la fortune privée au moyen âge, par Leber, dans les Mém. prés. à l'Acad. des inscriptions, 1re série, I, 233.

XVIII

Les habillements, tant par leur forme que par les matières qui les composaient, étaient aussi différents de nos formes actuelles que l'était le vieux mobilier parisien.

On se servait surtout de cuir et de pelleterie, comme l'indiquaient les noms de certains vêtements, tels que les *pellicium*, *superpellicium* ou *surplis* [1], et les nombreux ouvriers employés à

[1] Ordonnance concernant les mœurs, rendue par saint Louis en 1254 (Ord. des Rois, I, 74.) *Expellantur publice meretrices tam de campis quam de villis et factis prohibitionibus bona eorum per locorum judices capiantur vel eorum auctoritate a quolibet occupentur etiam usque ad tunicam vel ad pellicium.*

la préparation des cuirs et des pelleteries [1]. Cet usage tenait au prix élevé du drap [2], bien que la fabrication et la teinture des draps fussent dès lors très-florissantes à Paris, et que cette corporation l'emportât sur les autres en considération et en richesses [3]; mais le drap n'était pas à l'usage de toutes les classes, et tenait à peu près au XIIIe siècle la place qu'occupent dans nos costumes modernes le velours et la soie, qui, déjà à cette époque, étaient prisés par les classes les plus élevées.

Malgré la simplicité et la pauvreté apparente de la bourgeoisie et des masses, le luxe faisait de tels progrès, que les rois de France durent, à diverses reprises, sévir contre ces goûts de dissipation et rendre des lois somptuaires [4].

---

[1] Paris comptait en 1292, d'après le Rôle : deux cent quatorze péletiers, quinze baudraiers, vingt basenniers et trente-deux corrieurs; par contre, il n'y existait que dix-neuf drapiers et vingt-quatre foulons.

[2] En l'année 1307, une aune de drap fin valait 1 liv. 4 sols, ce qui équivalait à 136 fr. 55 c. d'aujourd'hui.

[3] Les drapiers se disaient, au XVIIe siècle, le premier et l'un des plus grands corps de la ville (Sauval, III, 18). Ils appartenaient, ainsi qu'on peut le conjecturer d'après le Rôle de l'an 1292, et certainement d'après celui de l'an 1313, à la classe des bourgeois la plus imposée.

[4] Ordonnance de l'an 1283 (Ord. des Rois, I, 541) : « Nul « bourgeois ne bourgeoise ne portera vair ne gris, ne er- « mine, ne pierres précieuses, ne cintures d'or ne à perles, ne « couronnes d'or ne d'argent. » La suite de cette ordonnance, à

On rehaussait le lustre des habits par des ornements en métal, et on savait employer avec art l'or et les pierres précieuses dans les ceintures et les coiffures, et surtout les plumes de paon et les fleurs naturelles comme ornement de tête.

Ce dernier genre d'ornement est caractéristique pour le XIIIe siècle; il en est fort question dans les chroniques du temps, par exemple dans celle de Joinville.

Les chapeliers de paon formaient une corporation qui ne travaillait que pour les gens riches et d'un rang élevé [1]; ils jouissaient de plusieurs priviléges, entre autres d'être exemptés de la garde de nuit. Il en était de même *des chapeliers de fleurs*, qui fabriquaient leurs coiffures avec des fleurs naturelles, dont ils trouvaient les éléments dans les jardins des faubourgs, dans les courtils, et auxquels les galants et les coquettes de l'époque

---

laquelle la Thomassière, dans ses Notes sur Beaumanoir, p. 371, donne la date de 1294, contient des prescriptions très-précises sur le nombre des robes que les diverses classes de citoyens peuvent avoir dans le cours d'une année, aussi bien que sur le nombre de mets qu'ils peuvent faire servir sur leur table : « Au « grand mangier il est accordé deux més et un potage au lard, « sans fraude, et au petit mangier un més et un entremés, et se « il est jeûne, il pourra donner deux potages aux harens, et « deux més ou trois més et un potage. »

[1] Livre des Métiers, ch. XCIII, p. 254 : « Leur mestier n'apartient « fors que as églises, aus chevaliers et aus haus hommes. »

formaient une clientèle suivie ; les chapeliers en fleurs avaient même le rare privilége de travailler le dimanche, tant que durait la floraison des roses [1].

Ce goût pour la fraîche nature s'est toujours maintenu chez le vieux Parisien ; mais nous lui envions moins ce qu'il employait pour flatter son odorat et même son palais.

---

1 Livre des Métiers, ch. XC, p. 246 : Les tresseurs de couronnes servent les « gentierz hommes ». Les allusions à l'usage de placer des couronnes de fleurs dans les cheveux sont fréquentes dans les chansons et lais. Conf. Jubinal, jongleurs et trouvères ; Paris, 1835.

XIX

Le safran servait à la fois comme teinture et comme parfum, et le musc et l'ambre étaient en grande faveur.

Comme épices on usait alors de l'anis, du poivre, du thym, du cument, du réglisse, etc.[1]; du reste, l'assaisonnement des mets était assez simple et éveille peu le désir de pénétrer dans l'intérieur des cuisines et des gargotes qui, à cette époque, s'établissaient aux portes de la ville, comme aujourd'hui aux barrières[2]. Cependant il faut remarquer que Paris se trouvait déjà cité et envié par les étrangers pour un article dont le

---

[1] Conf. Dit d'un Mercier : « J'ai les guimples ensafranées, » et le Livre des Métiers, ch. IX, p. 32.

[2] Livre des Métiers, p. 357; Ord. de 1299 du garde de la prévôté de Paris.

visiteur se sépare encore avec le plus de peine, et dont un écrivain anonyme des commencements du XIVe siècle fait ressortir l'excellence au point d'assurer qu'on n'en trouverait nulle part aussi bon et aussi délicat : nous voulons parler de la fabrication du pain [1]. Nous devons encore ajouter que le goût du Parisien devait être assez raffiné; car il paraît tenir grand compte des lieux d'origine des diverses denrées alimentaires, et le gourmand savait fort bien d'où il devait faire venir les productions dont il désirait garnir sa table.

Ainsi on estimait les pois du Vermandois [2], on recherchait le cresson de l'Orléanais, les navets, les pommes et les poires de l'Auvergne, les oignons de Corbeil, les échalottes d'Etampes, et on prisait fort les fromages de Brie et de Champagne, ainsi que les poissons des étangs de Bondy.

Les meilleures châtaignes étaient tirées de la Lombardie; les figues, de Malte; les raisins, de Corinthe et du Levant [3].

L'ouvrage qui nous éclaire le plus sur ces recherches donne aussi une nomenclature assez complète des aliments alors en usage [4]; il cite les harengs

---

[1] Anonyme de Senlis, ch. IV.

[2] Livre des Métiers, p. 277.

[3] Les Crieries de Paris, dans les Fabliaux et Contes (édit. Méon), p. 278.

[4] Les Crieries de Paris, le Statut des gargotiers, des regrat-

frais et salés, des poissons de mer de plusieurs espèces, tels que merlans, anchois, sardines, saumons, morue, maquereaux, raies, poissons plats (qui étaient vendus sur le marché ou étaient portés par les détaillants devant les portes).

Les oies, les pigeons, la viande fumée, les saucissons, la viande fraîche, à la sauce d'ail, les rôtis de porc et de chapons [1], la purée de pois, les haricots, la salade, les champignons formaient aussi des mets fort usités.

Ceux qui aimaient la pâtisserie, tels que les écoliers, pouvaient encore se régaler de gauffres, de galettes, de flan [2].

Mais tout ce qui flattait le goût des Parisiens du moyen âge pourrait bien ne plus avoir le même

---

tiers et des marchands de poisson, dans le Livre des Métiers, et les Droits de Coutume, p. 430.

[1] D'Auberée, la vielle maquerelle, dans le Recueil des Contes, etc., par Jubinal, I, p. 213 :

« Si atorne au mielz qu'ele pot
« Char de porc et chapons en rost. »

L'énumération des mets se trouve dans Villain de Bailleul, p. 313 : *chapon cuit* et *gatiaux*.

[2] Les Crieries de Paris font mention de « chaudes oublies renforcies (gaufres), galetes chaudes, flaons chaus (connus aujourd'hui sous le nom de flan), gastel à fèves (vraisemblablement en usage le jour des Rois), gastiaus rastis, chaudes tartes et siminiaux. » Dans le Statut des Oubloiers, il est fait mention de *niéles*, petits gâteaux qu'un seul pâtissier pouvait faire au nombre de mille en un jour.

succès aujourd'hui : ainsi ils préfèrent maintenant les fruits du mûrier aux fruits du cormier, et ils partagent sans doute l'avis du vieux poëte qui ne veut pas entendre parler de bière et de cidre aigres, tant que la vigne portera des grappes de raisin [1].

Le vin était déjà la boisson favorite et principale des Parisiens, autant qu'on peut l'induire de beaucoup de documents tels que les Cris de Paris et les Ordonnances d'octroi, qui défendaient la fabrication de la bière dans les années où les céréales faisaient défaut, ou qui restreignaient alors l'emploi de l'orge, ou encore qui fixaient le prix de la bière à des taux si bas, qu'il ne pouvait plus y avoir de profit pour les fabricants [2].

---

[1] Le martyre de saint Baccus dans le Recueil des Contes, etc., par Jubinal, I, 265 :

« Car de cydre ne de cervaise
« Gieffroy, qui ce dit fist, n'a cure
« Tant comme vin de vingne dure. »

L'histoire des miracles et du martyr de saint Baccus, petit-fils du patriarche Noë, mise en vers par Geoffroy en 1313, peut être considérée comme une des meilleures productions de l'ancienne poésie française. Il y règne d'un bout à l'autre un ton léger et un esprit des plus gracieux.

[2] Olim, I, 554 (de l'année 1263) : *Quia caristia bladi cessat propter quam cervisie fuerant prohibite, placuit domino regi, quod (fiant) cervisie in Normannia sicut prius.* Ibid., p. 904 (année 1272). *Placuit domino regi..., ut per eas (cervisias) minus consumatur in blado, quod galonus vendatur ad duos denarios Turonenses et non ultra.* Le Statut des Brasseurs, dans le Livre des Métiers, titre VIII, p. 29), nous apprend que l'on ne faisait

Il est vrai qu'on cultivait beaucoup de vignes alors dans les environs de Paris, et il faut que dans le cours des siècles le goût se soit bien modifié, ou que la terre ait beaucoup perdu de sa qualité ; car, tandis que la Chronique de Saint-Magloire vantait les bons vins de la contrée de Brie [1], déjà du temps de Boileau ces vins étaient comparés à du vinaigre [2].

C'est que le temps a amené de grands mouvements dans les lieux de culture de la vigne, et il est peu de vins cités au XIIIe siècle [3] qui aient conservé leur réputation jusqu'à nos jours.

On trouvait dans la cave du comte Robert d'Artois des vins de la Rochelle, de Saint-Pourcin (Auvergne), de Beaune, de Saint-Jean d'Auxerre et d'Artois [4]; on recherchait les vins de la Moselle, d'Espagne, d'Italie et de Grèce [5], et on ajoutait en-

---

point usage de houblon dans la fabrication de la bière. Les ingrédiens employés sont l'orge, le méteil et la dragée (drèche). Le nombre des brasseurs parisiens s'élevait en 1292 à trente-sept, qui exerçaient spécialement leur profession dans la *Ville*.

1 Méon, Fabliaux et Contes, II, 224, v. 14.

2 Que tous les vins pour moi deviennent vins de Brie.
BOILEAU, Sat. III.

3 Olim, II, 243.

4 Bibl. de l'Ecole des chartes, sér. 3, t. III.

5 Conf. la Guerre de Vins dans Méon, Fabliaux, I, 152; la Disputaison du Vin et de l'Iaue, dans Jubinal, Recueil, etc., I, 293; le Martyr de saint Baccus *ibid.*) et le Livre des Métiers, LXIII. Les vins français étaient tirés des provinces d'Anjou, Provence,

core à la force de la boisson par des additions de miel et d'épices.

Orléanais, Bourgogne, Auvergne, Berry, Angoulême, Champagne, Guyenne. En vins étrangers, on citait le vin de Moselle, le vin grec, le vin de Grenache, le vin muscadet, le vin de Chypre. A la fin du XIIIe siècle, les années abondantes en bon vin furent, d'après la chronique de saint Magloire, les années 1287, 1289 et 1296.

XX

APRÈS avoir constaté les usages, la manière de vivre des vieux Parisiens, et s'être rendu compte de l'intérieur de leurs habitations, il faut redescendre dans les rues qui se présentaient nombreuses, étroites, tortueuses, s'opposant à une marche rapide et produisant souvent de l'encombrement; ainsi on comprend facilement, par exemple, que, tant qu'il n'existait qu'un seul pont pour aller d'une rive à l'autre de la Seine, on ne passât pas sur le *Grand-Pont* sans y rencontrer un moine blanc et un cheval blanc [1].

---

1 Guillebert de Metz affirme le fait pour l'an 1400. La même assertion se trouve dans le poëte Astezan (Epître poétique au marquis de Montferrat, au xve siècle); il ajoute qu'il a admiré sur le

Cependant il ne faut pas tirer de ce mouvement de la population et de l'état des voies publiques la conséquence que le désordre régnait dans la capitale et que les classes et les industries y fussent mélangées.

Déjà, en retraçant la topographie de Paris, nous avons rencontré beaucoup de rues affectées à certaines industries qui leur avaient donné leurs noms, telles que celles des Drapiers, de la Cordonnerie, de la Boucherie, des Bottiers, de la Bouclerie, des Lavandières, des Oubloiers, de la Pelleterie, de la Sellerie, de la Poullairerie[1] ; mais le rapport

---

pont un grand nombre de belles femmes, dont la parure élégante et l'attitude empreinte de coquetterie auraient suffi pour enflammer un Priam, ou même le vieux Nestor.

[1] Les rues qui doivent leurs noms à des corps de métiers sont, d'après le rôle de 1292, les suivantes : rue de la Barillerie (un barillier); rue de la Boucherie (avec cinq bouchers); rue de la Buffeterie; rue de la Bouclerie; rue de la Bûcherie (avec cinq marchands de bois); rue de la Baudrairie (avec huit mégissiers); rue de la Chanverrie, habitée par des marchands de chanvre et des mesureurs de toile (aunéeurs); rue de la Charreterie; rue de la Charronnerie (avec trois charrons); rue aux Coiffières (avec deux marchandes de modes); rue de la Courroirie; rue de la Cordoanerie (avec un cordonnier), la Draperie, sur le quai de Gèvres; rue aux Escrivains (avec un écrivain et neuf marchands de parchemin); rue des Estuves; la Ferronerie (avec deux forgerons); cette même rue dans la paroisse Saint-Eustache, avec l'indication qu'elle est habitée par des chaudronniers; rue de la Foulerie, de la Ganterie (avec un fabricant de gants); rue aux Graveliers; rue aux Jugléeurs (avec un trompeur

entre la dénomination des rues et l'industrie de leurs habitants s'était déjà modifié au XIIIe siècle dans certains quartiers, et le métier primitif qui avait donné son nom à une rue s'en était retiré souvent pour se porter sur un autre point de la ville; néanmoins les industries similaires continuaient à se placer les unes près les autres; c'est ainsi qu'on reconnaît à l'inspection des rôles de taille que les armuriers, les baudriers, les boucliers, les selliers, les feutriers formaient des groupes d'habitants [1], selon leur genre d'industrie; c'est encore de même que les émailleurs demeuraient dans le même quartier que les orfévres [2], les

---

et un jugléeur); rue aux Lavendières; rue des Oubloiers (avec deux marchands d'oublies); rue de la Peleterie; rue des Plastriers (avec un plastrier et deux maçons); rue de la Poulaillerie (avec onze marchands de volailles); rue de la Sélerie (avec vingt-cinq selliers); rue de l'Atacherie, de la Tanerie, de la Mortelerie, de la Tonnélerie, de la Vannerie, etc.

[1] Confér. Rôle de l'an 1292, p. 25, 84, 86, 88, 96, 137, 157. Le Rôle de 1213 donne les mêmes résultats.

[2] Conf. Rôle de 1292, p. 32, et Rôle de 1313, p. 15, 20, 23, 25, 54, 96. Si l'on admet comme constant que, dans les plus anciens Rôles d'impositions, les émailleurs sont souvent désignés par leur lieu d'origine, par exemple de *Limoges*, ville où l'on sait qu'au moyen âge l'art de l'émailleur atteignit son plus haut degré de perfection, un grand nombre d'indications démontreraient les rapports qui existaient entre les émailleurs et les orfévres. Il est au moins remarquable que, dans la rue de la Courroirie, le Rôle de l'an 1292, p. 90, fait mention de plusieurs Limousins près des orfévres, et qu'à leur place on trouve au Rôle de l'an 1313, p. 96, des émailleurs.

les broderies d'or et en perles pour les coiffures, les bourses, les boîtes à bijoux, les voiles, les tresses de cheveux artificiels, les larges colerettes, les gants parfumés, et tous les articles de mode à l'usage des élégants du jour et pouvant servir à réveiller leurs désirs [1].

---

1 La réunion des professions de luxe dans la rue Quincampoix (entre les rues Saint-Denis et Saint-Martin), dans la rue Troussevache et autres, est prouvée par le Rôle de l'année 1292, p. 86 et 90, et les vers du Dit des Marchands (proverbes et dictons populaires) :

« Et savent bien demander
« Et Troussevache et Qui-qu'en-poist. »

Les anciens poëmes nous apprennent aussi quelle variété d'objets vendaient les *merciers* d'alors, qui étaient les marchands d'*objets de fantaisie.*

« Iluec poeent il bien trover
« Toutes choses à acheter
« Qui a la mercerie apent.
« L'or empaillotte et l'argent,
« Corroies de soie, aumosnières
« Et joiaus de maintes manières,
« Cuvrechiez, crespes, melequins,
« Pailes ouvrez, riches et fins
« Guimples, fresiaus, coutiaus d'yvoire,
« Et maint riche joiel tresfoire.
. . . .
« Tout raconter ne vous porroie ;
« Les joiaus d'argent et de soie,
« Et de fin or i trouve l'on. »

Conf. le Dit d'un Mercier (proverbes). Les impôts considérables que, d'après les rôles de 1292 et de 1313, payaient les habitants de la rue Quincampoix, et notamment les merciers (Jehan d'Espernon, mercier, 96 livres), prouvent également l'importance commerciale de cette rue et de cette profession.

XXI

LA vie des rues s'animait encore des cris des marchands ambulants, qui, sous ce rapport, paraissaient ne pas le céder aux industries en plein vent de nos jours; il existe un vieux poëme rimé, écrit par Guillaume de la Villeneuve[1], et intitulé les *Crieries de Paris*, qui prouve combien cette habitude était déjà répandue au XIIIe siècle.

A cette époque, ces cris avaient leur raison d'être; car les rapports entre les marchands et les acheteurs ne pouvaient avoir lieu que par des moyens simples et saisissants : peu de gens savaient lire, l'imprimerie était inconnue; les cris étaient donc d'une nécessité plus réelle que de nos jours, où on

---

[1] Fabliaux et Contes (édit. Méon, II, 276).

peut se servir d'une centaine de journaux pour attirer les chalans, et où on pourrait se former une bibliothèque entière composée de prospectus et d'annonces de toutes sortes.

Du matin au soir on entendait les cris des marchands dans les rues : le jour pointait à peine que le baigneur annonçait l'ouverture des bains dont les rapports avec l'Orient avaient généralisé l'habitude presque dans toutes les classes; devenus lieux de réunion ou pour mieux dire de rendez-vous, ils avaient appelé l'attention du prévôt qui en ordonnait la fermeture pendant la nuit et en défendait l'annonce avant le jour [1].

Après les baigneurs venaient les marchands d'habits, toujours prêts, comme leurs successeurs, à tromper l'acheteur et notamment le pauvre clerc inexpérimenté, ce dont se plaignait déjà au XIe siècle Jehan de Garlandia.

Le marchand d'habits ne vendait pas seulement des habits neufs ou vieux, il offrait aussi de les raccommoder, et il étendait son commerce à tous les vieux ustensiles de ménage hors de service. Aux cris des marchands d'habits s'en joignaient beaucoup d'autres : on criait des fleurs fraîches et des vieilles culottes, des mèches brillant comme des étoiles, de la paille propre et des vieux scu-

---

[1] Livre des Métiers, statut des baigneurs, p. 188.

liers, des bûches à deux oboles, du charbon à un denier le sac.

Qui ne pouvait acheter pouvait vendre : il y avait toujours des gens qui recherchaient les vieux meubles et les vieux fers.

Les mendiants, les quêteurs des divers ordres et des confréries faisaient aussi entendre leurs supplications; les dominicains, les carmélites, les sachetins invoquaient encore la charité publique, et réclamaient les secours des passants pour les aveugles, les prisonniers et les esclaves chrétiens.

Des charlatans pourvus de sacs et de caisses se pressaient au milieu de la foule; étendant devant eux un tapis bariolé qu'ils couvraient de remèdes pour toutes les maladies, ils attiraient l'attention de leurs auditeurs en captant leur imagination par des noms pompeux et le récit de leurs longs voyages [1].

Près d'eux se plaçaient les jongleurs et les chanteurs.

On entendait encore proclamer le banc du Roi, ou annoncer au son d'une crécelle la mort d'un bourgeois, ou l'invitation aux personnes pieuses de prier pour son âme, jusqu'à ce qu'enfin, le jour fuyant et la nuit venue, la cloche du soir fît fermer les boutiques, couvrir le feu du foyer et ren-

[1] Dit de l'Erberie, OEuvres de Rutebeuf (éd. Jubinal), I, 250.

trer chacun chez soi, abandonnant les rues devenues sombres à quelques pâtissiers offrant de faire tirer leurs marchandises à la loterie.

La foule des marchands était du reste tellement nombreuse pendant le jour, et la variété des marchandises si grande, que Guillaume de la Villeneuve assure que, possédât-il une plus grande fortune que la sienne et n'achetât-il de chaque chose que pour la valeur d'un denier, il n'en resterait pas moins ruiné [1].

---

1 Crieries, v. 181.

> « Que se j'avoie grant avoir,
> « Et de chascun vousisse avoir
> « De son mestier une denrée,
> « Il auroit moult corte durée. »

XXII

DE ces marchands des rues il est une profession dont nous n'avons pas encore parlé, et qui mérite cependant de fixer un instant l'attention : c'est celle des crieurs de vin, qui, d'une voix forte, offraient le vin rouge ou vermeil, alors le plus usuel, à trente-deux deniers le meilleur, et à huit, onze et douze deniers le moins bon [1].

Ces crieurs de vin formaient une corporation spéciale qui devint une institution publique ; les marchands de vin de Paris vendaient leurs vins sur la rue comme tous les autres marchands, et,

---

1 Jehan de Garlandia (Diction., c. XXVII) porte le prix d'un quart de vin à 12 liv. 4 d. ; mais nous ne savons pas si cette mesure était encore en usage au XIIIe siècle.

toutes les fois qu'ils mettaient une pièce nouvelle en perce, ils le faisaient annoncer par des gens expressément loués dans ce but. Ils étaient obligés en même temps de payer un impôt pour chacune de ces pièces. Le fermier de l'impôt, pour s'assurer du nombre des pièces débitées, se renseignait près des crieurs de vin, qui, bientôt, devinrent ses auxiliaires, tout en restant les intermédiaires des marchands pour l'annonce de la mise en vente de leur vin. Les marchands, naturellement mécontents de ce contrôle exercé par des agents dont ils étaient obligés de se servir et qu'ils payaient à raison de quatre deniers par jour, cherchaient à se soustraire à leur surveillance; mais, lorsque la contravention était constatée, les crieurs avaient le droit de coter le vin, et les marchands étaient forcés de le livrer à ce prix [1]; de plus, s'il y avait tromperie de la part de ces derniers, ils étaient punis d'une forte amende prélevée sur la vente de la marchandise.

Il ne faut donc pas s'étonner si l'institution des crieurs de vin donnait souvent lieu à des débats; en 1274, ces débats dégénérèrent en un procès entre les marchands de vin et la hanse parisienne, mais la hanse l'emporta et fit maintenir l'institu-

---

[1] L'usage des *crieurs de vin* de vendre leur marchandise sur la voie publique, en tenant un *hanap* à la main, ne remonte-t-il pas à l'époque où saint Louis défendit de fréquenter les tavernes ?

tion des crieurs publics, qui ne perdit de son importance que dans les siècles suivants [1].

[1] Conf. les Ordonnances et Arrêts dans Felibien, Hist. de Paris, I. Recueil de pièces justificatives, n° XI. Vente de la *crierie* à la hanse parisienne en l'année 1220, n°s XVIII et XIX.— Débat entre les marchands de vin et le prévôt des marchands, et dénouement de la querelle en faveur de ce dernier en l'année 1274. — Conf. le Statut des *crieurs* dans le Livre des Métiers, tit. V, p. 24. La faculté d'annoncer la vente du vin par des cris est octroyée par le prévôt et les *eschevins de la marchandise* ; si le *crieur* paie à la confrérie des marchands un denier par jour, et entreprend un pèlerinage (celui de St-Jacques de Compostelle était alors fort en vogue), il peut alors user de la permission dans le *parloir aus bourgois.*

XXIII

TOUS ces marchands, ces crieurs, ces moines, ces mendiants formaient journellement une foule bruyante dans les rues ; mais le samedi la foule devenait encore plus compacte par la tenue des marchés, où les vendeurs et les acheteurs forains se mêlaient à ceux de la ville.

C'était alors que le percepteur du Petit-Pont, qui conduisait du quartier de l'Université à la Cité, déployait toute son activité et redoublait d'efforts pour qu'aucun contribuable ne lui échappât, et à défaut d'argent lui laissât au moins un gage [1].

Les images des saints n'étaient exemptes du péage qu'autant qu'elles appartenaient aux églises ;

---

[1] Conf. Péage du petit pont, dans le Livre des Métiers, p. 280.

mais, lorsqu'elles étaient mises en vente, elles payaient deux deniers pièce.

Les denrées alimentaires destinées aux confréries et aux hôpitaux étaient également exemptes; il en était de même des jongleurs et des marchands de singes : seulement les premiers devaient chanter un air, et les autres faire faire un tour à leur singe [1]. Les chèvres se rachetaient d'une manière plus sensible par un coup de massue qui leur était donné entre les cornes; les merciers pouvaient payer en nature en remettant au percepteur une aiguille ou une attache de la valeur d'un denier [2].

Quelques abbayes, telles que Sainte-Geneviève et Saint-Germain-des-Prés, se rachetaient moyennant une redevance en vin payée le jour de Sainte-Geneviève ou de Saint-Germain; les gens du quartier Saint-Marcel, les habitants de la Ferté, de Sens, de Saint-Léger et de plusieurs autres endroits jouissaient aussi de certaines immunités; mais, du reste, tous les comestibles et la plupart des objets de première nécessité étaient soumis au péage du pont.

Le péage du Petit-Pont n'était pas le seul qui frappât les objets de consommation à Paris : il y avait aussi un impôt de *chaussée* qui était perçu

---

[1] Livre des Métiers, p. 287. De là le proverbe : « Payer en monnoie de singe. »

[2] *Ibid.*, p. 289.

sur les voitures, charrettes, bêtes de somme [1], dont étaient exemptes les voitures des seigneurs, des ecclésiastiques et des bourgeois de Paris.

Il y avait encore le *rouage* payé sur la vente des vins en gros [2], le *chantelage* payé sur celle des vins en détail [3]; de leur côté, les marchandises chargées sur la Seine payaient le droit de *rivage* [4] et le droit de *conduit* [5] lorsqu'elles étaient expédiées au-delà des limites de Paris, à moins qu'elles ne fussent destinées à l'usage du clergé ou du seigneur.

Beaucoup d'ouvriers étaient obligés de payer le *hauban*, c'est-à-dire d'acheter du Roi le droit d'exercer leur industrie, et ils obtenaient en échange la remise de certains impôts [6].

---

1 Chauciés de Paris, dans le Livre des Métiers, p. 275. « Chaucié « est une coustume assise et establie anciènement seur chars, « seur charétes, seur sommiers chargiés. »

2 Del rouage de Paris, dans le Livre des Métiers, p. 295.

3 Del chantelage de Paris, *ibid.*, p. 306 : « Chantelage est une « coustume assise anciénement, par laquèle il fu establi que il « loisoit à touz ceus qui le chantelage paiaent à uster le chantel « de leurs tonniaus, et la lie vuider. »

4 Del rivage de Saine, *ibid.*, p. 301.

5 Del conduit de touz avoirs, p. 306.

6 Des mestiers qui hauban doivent au Roy, *ibid.*, p. 297 : « Hauban est uns propres nons de une coustume assise anciéne- « ment, par laquèle il fu establi que quiconques serroit hauba- « niers, qu'il serroit frans et à mains de droitures paians del

Le commerce des grains était soumis au *minage*, c'est-à-dire à l'impôt du mesurage ; la permission de fréquenter les marchés était payée au propriétaire foncier du sol à prix d'argent.

Le droit de place, dans les marchés parisiens, était payé par le *hallage*; on payait le *tonlieu* sur toutes les marchandises vendues au marché, notamment sur le pain, les grains, le vin, dont le marché principal se tenait sur la place de Grève; sur les chevaux, les bêtes à cornes, les fers, les pelleteries, les cuirs, les ustensiles et instruments en bois, les laines, les graines, le chanvre, la toile[1].

« mestier et de la marchandise dont il serroit haubaniers que « cilz qui ne serroit pas haubaniers. » Les bouchers ne payaient, par exemple, pour achat de graisse et lard, aucun droit particulier, parce qu'ils acquittaient le hauban, p. 318. Même privilége pour les pelletiers, p. 326. Conf. le Statut des Boulangers, p. 6. Le hauban était établi dès l'an 1140, mais hors de Paris; il n'était en usage que dans un petit nombre de villes, telles qu'Orléans. Le rapport du hauban, avec l'ancienne inscription de l'an 1265 : *De stallagiis hallarum et alto banno, libros XXXIII*, explique l'origine et la nature de cet impôt.

[1] Conf. Livre des Métiers, deuxième partie, tit. X-XXX, p. 312. Cette allégation de Depping : « *Tonlieu* est l'impôt payé par les marchands pour stationner dans les marchés, » est erronée ; car le *tonlieu* n'est prélevé qu'après la conclusion du marché, tantôt sur le vendeur, tantôt sur celui-ci et sur l'acheteur De là la différence entre *hallage* et *tonlieu*. Dès que le marchand de grains aborde le marché, il paie pour chaque charge 1 denier de *hallage*, et s'il vend cette charge, 2 deniers de *tonlieu*; p. 312 et aussi 332 : « Touz fruiz qui viènent à Paris à cheval au sémedi, ou aus autres « jours ès hales ou el marchié de Paris, li somiers poitevine de

Le droit de *hallage* était des plus productifs, et cela se comprend quand on connaît l'étendue du commerce des halles de chaque samedi [1]; non-seulement la plupart des ouvriers et des marchands de Paris y étalaient alors leurs marchandises, mais une foule de marchands des villes voisines y apportaient les produits du sol ou de leur industrie; ainsi on y voyait des boulangers de Gonesse, des marchands de drap de Saint-Denis, puis des marchands de Pontoise, de Corbie, d'Aumale, de Beauvais et même d'Amiens, de Douai, d'Avesnes [2], qui, tous, y avaient une place déterminée, pour laquelle ils payaient un loyer annuel [3].

« halage et II den. de *tonlieu*, se il marchand en vent, et s'il n'en « vent riens, il ne paiera riens de *tonlieu*, devant qu'il vende. » On pourrait multiplier ici les citations. Au tit. XVII, p. 321, où il est fait mention du droit de marché pour le sel et le poivre, il n'est pas nommé *tonlieu*, mais *coustume*. Il en est de même dans ce passage : « Tuit cil qui aportent au samedi ens hales ou « el marchiet de Paris poivre ou cire, por vendre, chascuns doit « maille de coustume, soit qu'il vende aucune chose, ou qu'il ne « vent rien. » Une exception est faite (tit. XXIII) pour la vaisselle de terre; il est dit : *vend ou ne vende*.

[1] Dans le supplément au Livre des Métiers, on voit une indication du produit annuel du *hallage* qui est estimé à la somme de 908 liv. 8 s. 4 den. Les marchands de drap, les merciers, les marchands d'Avesne et de Laigny en payaient la majeure partie.

[2] Conf. Livre des Métiers, p. 437. Rôle des métiers qui doivent vendre aux halles le vendredi et le samedi.

Ibid., p. 433. Produit du hallage de Paris.

XXIV

QUELS que suivis que fussent les marchés des samedis, et quelle que fût l'animation qu'ils apportassent dans la vie des rues, ce n'était encore rien en comparaison du mouvement d'affaires qui avait lieu tous les ans aux foires Saint-Ladre des 2 au 18 novembre [1], où tout ce que produisaient Paris et les provinces se trouvait exposé aux yeux d'une population immense, accourue de toutes parts.

Alors le commerce cessait dans tous les autres quartiers, et il était même interdit à beaucoup d'industries de vendre leurs produits ailleurs que sous les halles; les changeurs du Grand-Pont y

[1] Conf. Livre des Métiers, p. 438. Les droits de la foire Saint-Ladre.

transportaient leurs comptoirs; les bouchers de la place du Châtelet fermaient leurs étaux; il en était de même des boutiques des selliers, des marchands de soie, de cire, des merciers, qui, tous, venaient s'établir sous les halles pendant le temps de la foire [1].

Grand nombre d'ouvriers appartenant à d'autres industries y étaient également attirés pour ne pas voir leur clientèle habituelle s'éloigner d'eux pendant ce temps, d'autant plus qu'ils jouissaient de certains avantages sur les marchands forains que la foire y amenait; ainsi, par exemple, ce n'était qu'après que les marchands de toile de Paris avaient obtenu leurs places qu'on indiquait celles des forains [2].

La foire de novembre, dite de Saint-Ladre, qui se tenait sous les halles, n'était pas la seule dans Paris; des établissements religieux ou hospitaliers avaient également le privilége d'avoir des boutiques dans leur enceinte [3], et pendant les quinze jours qui suivaient Pâques se tenait la foire du Faubourg-

---

1 Dans l'ordonnance sur les droits de marché (Livre des Métiers, p. 442), les professions sont nommément désignées, telles qu'elles doivent prendre place sous les halles. Ce sont les épiciers et merciers, les bouchers et peaussiers, les marchands de cire et de savon, les selliers et les changeurs.

2 Statut des chavenaciers, au Livre des Métiers, p. 151.

3 Sauval, I, 664.

Saint-Germain [1]. En outre, pendant l'été, depuis la Saint-Barnabé jusqu'à la Saint-Jean, avait lieu, dans la plaine de Saint-Denis, la plus considérable comme la plus célèbre des foires, celle du *Landy* ou *Lendit*, qui avait été octroyée à l'abbaye de Saint-Denis par Louis VI [2].

Ce ne fut que dans le XVIe siècle que la foire du Landy fut transportée de la plaine dans la ville de Saint-Denis, et quelques années plus tard à Paris [3], où elle perdit promptement son importance première.

Selon un poëte du XIIIe siècle, une procession solennelle partait de Notre-Dame pour inaugurer la foire : le bras de saint Simon, déposé dans l'abbaye de Saint-Denis, servait à donner la bénédiction, et c'était après ces cérémonies religieuses que la foire était ouverte. Les comptoirs et les boutiques des marchands étaient disposés dans la plaine de manière à former des rues; et, quant aux industries et aux villes qui y étaient représentées, notre vieux poëte perd presque la respiration à les énumérer.

---

1 *Sugerii liber de rebus in admin. sua gestis in* Duchesne, Hist. fr., scr. IV, 332.

2 Felibien, Preuves et Pièces justificatives. La translation du Lendit à Saint-Denis est de 1557, IV, 770.

3 L'établissement à Paris eut lieu en 1569. *V.* Felibien, V, 465. —*V.* aussi le Dit du Lendit rimé dans les Fabliaux et Contes, édit. Méon, II, p. 301-307. — Conf. encore le Livre des Métiers, p. 290-295.

Près des ustensiles en fer nécessaires au ménage des bourgeois comme à celui des paysans, des cuillers, des pots, des faulx, étaient exposés des habits, des étoffes, des cuirs, des toiles, des lainages, des draps et des pelleteries ; les gens riches y trouvaient des orfévres, des merciers, des marchands de tapis ; une rue entière était consacrée à la vente des parchemins [1] ; les débitants de boisson et les gargotiers y abondaient ; trois épiciers seulement y vendaient des plantes médicinales, et les lombards avec leur industrie s'y faisaient remarquer.

Parmi les soixante-quinze villes indiquées comme y étant représentées, on en remarque un certain nombre de Flandre : Gand, Ypres, Malines, Bruxelles, Louvain, Tournai, Valenciennes, Lille.

De cette longue liste de noms il ressort que, dès le XIIIe siècle, il se faisait un commerce d'importation et d'exportation considérable, et que certains pays s'adonnaient particulièrement au développement d'industries spéciales et en transportaient au loin les produits.

---

[1] Un édit de l'an 1556 nous apprend que, déjà antérieurement, le recteur de l'Université de Paris, suivi des bacheliers, régents et maîtres des arts, tous en grand costume, se rendait au Lendit pour y réclamer l'exercice de certains droits que l'Université prétendait avoir sur la vente du parchemin. On ne sait pas bien, toutefois, à quelle époque remonte cet usage. Felibien, Preuves, IV, 769.

C'est ce que démontre parfaitement la lecture des ouvrages des contemporains dont les uns citent les villes françaises qui s'occupaient, par exemple, de la fabrication des draps : c'était Paris, Saint-Denis, Arras, Ligny, Etampes, Reims, Cambrai, Louviers, Saint-Quentin, etc.

Dans les règlements des corporations, on parle des toiles envoyées de Normandie à Paris [1], des laines tirées d'Angleterre [2], d'où venaient également les pierres à repasser [3], des verres coloriés fournis par le Berry [4]. Dans un rôle d'impôt, on remarque un Jéhane de *Saint-Gobain* comme fabricant de bouteilles [5], ce qui semble indiquer que la célébrité de cette ville pour ses cristaux peut remonter jusqu'à ce siècle, de même que Gonesse l'était pour ses farines, et Saint-Denis et Saint-Quentin pour ses draps [6], comme aussi paraissait l'être la Normandie pour ses ouvrages en laiton (fermoirs, anneaux) [7], l'Angleterre pour ses fers [8], la Flandre

---

1 Livre des Métiers, p. 150.

2 *Ibid.*, p. 336.

3 Dit du Lendit, v. 50.

4 Bibl. de l'Ecole des chartes, sér. III, t. III.

5 Rôle de Taille, dans Buchez, collect. de chroniques, IX, p. 131.

6 *Ibid.*, p. 140.

7 Livre des Métiers, p. 95.

8 *Ibid.*, p. 358. On voit cité un *forcetier* de Birmingham, de Bromley et Norfolk.

pour ses draps écarlates, ses fins camelots et ses étoffes inimitables [1], à la différence des draps anglais de *Stamford*, imités sous le nom de *estanford*.

C'est que la Flandre avait déjà la réputation la mieux établie pour ses produits et servait en quelque sorte à les qualifier : *Anglia potatrix, Normania jactatrix, Flandria textrix*, dit Viniseuf dans le *Poetria nova*, pour indiquer des épithètes heureusement employées [2], de même que les draps de frise se trouvent classés à côté de l'or et de l'argent [3].

---

1 Conf. Olim, I, 914, — Livre des Métiers, p. 69.

2 *Leyseri hist. poëmatum latinorum medii ævi*, 1725, p. 855.

3 « D'un larron qui demora trop au trésor. » (Fabliaux et Contes, édit. Méon, p. 176.)

« Molt i trova grant tenantise (richesse)
« Or et argent, et dras de Frise. »

XXV

MAIS nous voilà loin de Paris, où nous nous hâtons de rentrer pour rechercher l'organisation intérieure des industries dont nous venons d'indiquer l'importance, et pour le faire avec un guide sûr, ce sera spécialement le prévôt de Paris, Estienne Boileau, que nous consulterons dans son inappréciable Livre des Métiers, qui répand tant de clarté sur les règlements et les rapports des corporations parisiennes [1].

[1] Le Livre des Métiers, d'*Estienne Boileau*, était d'abord composé de trois parties. Dans la première figuraient les différents corps de métiers (en 100 chapitres) : dans la seconde, en 30 chapitres, les droits de douane et les impôts : la troisième, qui, malheureusement, s'est perdue, énumérait et analysait les différentes juridictions auxquelles étaient soumises les corporations de Paris. L'éditeur du Livre des Métiers, Depping, a remplacé cette partie par la série des corps de metiers de 1270 à 1300.

Estienne Boileau n'est pas le législateur de ces corporations ; il n'a pas même cherché à innover : c'eut été trop opposé aux mœurs du moyen âge, où la tradition était la règle. Son but est parfaitement indiqué dans la préface de son livre ; ayant remarqué dans le cours de ses fonctions que l'ignorance et l'esprit de fraude amenaient des débats dans les transactions commerciales, qu'il s'élevait souvent des conflits entre les marchands et les acheteurs, ou même entre les juridictions sur l'étendue de certains droits, il chercha à y remédier en réunissant les usages de chaque profession, en les faisant mettre par écrit, et en les publiant après les avoir fait déposer dans les archives de la prévôté.

Ce n'était qu'après avoir consulté les gens de chaque corporation qu'il faisait rédiger le règlement, et le plus souvent il se contentait de constater le résultat de cette espèce d'enquête, qu'il communiquait aux notables de la ville avant de la rendre exécutoire [1] ; ainsi, pour les charpentiers, un seul maître se présenta au nom de la corporation, Me Foulque, du Temple ; il indiqua ce qui se pratiquait en toutes choses lorsqu'il l'administrait, et ce fut sa déclaration qui servit de règle pour l'avenir ; ainsi, pour les fondeurs de chandelles,

---

[1] Livre des Métiers, p. 3 : « Nous le feimes lire devant grant « plenté des plus sages, des plus leauz et des plus anciens homes « de Paris et de ceus qui plus devoient savoir de ces choses. »

les maîtres se réunirent, firent leurs rapports au prévôt, et leurs propositions furent érigées en règlement [1].

Cependant les énonciations des divers métiers suffiraient pour prouver qu'il ne faut pas seulement fixer l'organisation des corporations au règne de saint Louis ; car, s'il est incontestable que la vie industrielle prit un grand essor à la suite des croisades et n'eut de base solide qu'après que le tiers-État eut conquis des droits définis et eut pris une certaine importance dans l'État, il existe d'anciennes ordonnances qui lèvent tout doute sur la réalité des priviléges donnés à certaines industries antérieurement à ce siècle, sans qu'il soit besoin d'avoir recours à des traditions n'ayant d'autre base que la commune renommée, et qui faisaient, par exemple, que les tailleurs de pierres rapportaient à Charles Martel l'honneur de leur avoir donné certains priviléges [2], sans doute à cause de son surnom de *Martel*.

Ainsi une ordonnance de Louis VII, de l'année 1162, fait mention des anciennes coutumes de la corporation des bouchers [3], et une charte de 1134

---

1 Livre des Métiers, p. 104 et 161.

2 *Ibid.*, Statut des maçons, etc., p. 111 : « Tout tailleur de « pierre (est quite du gueit) très le tans Charles Martel, si come « li preudome l'en oi dire de père en fil. »

3 Ordonnances des Rois, III, 258. *Longo tempore carnifices quasdam antiquas habuerunt consuetudines.*

indique les étaux qu'ils avaient derrière le Châtelet comme étant déjà anciens [1]. C'est ce qui peut expliquer pourquoi leurs règlements ne se trouvent pas dans le livre d'Estienne Boileau, puisqu'il n'y avait plus lieu de les colliger. Cette lacune est cependant regrettable, parce qu'elle nous empêche de vérifier quels étaient les priviléges, les libertés et les usages que Philippe le Hardi entendait leur maintenir [2].

Les drapiers formaient également une confrérie dès le XIIe siècle [3], et par suite on peut admettre qu'ils reconnussent avec les boulangers et les bouchers, Philippe-Auguste comme leur législateur [4].

Les fabricants de chandelles étaient pourvus de priviléges dès le XIIe siècle [5], et dans le XIIIe, d'autres villes que Paris, comme Bourges et Etampes, possédaient des ordonnances sur les corporations [6].

De tout ceci concluons donc avec certitude qu'Es-

---

1 Charte de Louis VI accordée aux couvents de femmes de Montmartre. « *Stallum unum inter veteres stalla carnificum.* » Conf. Lamarre, Traité de la police, II, p. 1206.

2 Ordonnances des Rois, III, de l'an 1282. *Privilegia, usus, consuetudines et franchisias (carnificum) volumus in suo robore duraturas.*

3 Sauval, II, 471. Conf. Biblioth. de l'École des chartes, V, 476, et Schaffner, Histoire de la législation de la France, II, 594.

4 *V.* Sauval, Antiquités de Paris, t. II.

5 Ordonnances des Rois, XVI, 285.

6 *Ibid.*, XI, 190 et 286.

tienne Boileau n'est pas innovateur, et qu'il s'est borné à mettre en lumière, dans un ordre meilleur, des coutumes et des usages préexistants, la plupart non écrits et confus,

Son travail n'en est pas moins précieux, et, si les institutions qu'il nous révèle nous paraissent souvent opposées aux doctrines actuelles de l'économie sociale, il serait souverainement injuste de les juger d'après nos idées modernes, et sans tenir compte de la différence des temps, des mœurs, des usages et des lois.

Les corporations ne se sont émancipées que successivement et plus lentement encore que plusieurs autres classes de la nation; tout en luttant avec le pouvoir féodal, dont elles tendaient d'autant plus à s'affranchir, qu'elles avaient en elles-mêmes une grande force d'existence indépendante, elles s'efforçaient de conserver dans leur sein des règles d'ordre et d'hiérarchie, qui faisaient leur puissance en même temps qu'elles étaient de sérieuses garanties.

Il ne faut pas perdre de vue non plus que l'industrie n'était pas au XIIIe siècle à ses premiers rudiments, et que, dans plus d'une de ses branches principales, elle avait atteint un haut degré de perfectionnement. c'est ce qui explique le soin pris par Estienne Boileau, de bien déterminer les limites de travail de chaque profession, afin d'éviter les envahissements de l'une sur l'autre, qui, comme nous aurons occasion de le voir, étaient, malgré toutes les dispositions des règlements, une source incessante de conflits et de procès.

Ces règlements avaient encore pour but de fixer les rapports des divers métiers avec l'État et l'administration, les points de subordination ou d'observance des lois et des usages touchant à tout ce qui concernait l'exercice du culte, l'approvisionnement des marchés, les services d'ordre public, etc.

Sous ces divers rapports, l'œuvre d'Estienne Boileau eut également une grande portée, et plusieurs de ses prescriptions se sont maintenues jusqu'à nos jours.

L'etude de son livre prouve encore combien on se préoccupait de garantir les intérêts des pauvres, des veuves, des orphelins, s'inspirant ainsi des pensées de protection dont la législation de l'époque est fortement empreinte, et dont il suffit de citer comme exemples les Assises de Jérusalem, qui recommandaient les pauvres veuves et les orphelins à la justice des seigneurs [1], ainsi que les Statuts locaux, qui exemptaient les veuves d'impôts [2], et permettaient d'opposer leur seul serment aux témoignages contraires [3], ou leur accordaient, à titre de douaire, la moitié des biens de leur mari.

---

[1] Assises de Jérusalem, ch. XVI : « Le seignor doit estre plus « favorables as veves et as orfenins en leur droit et en leurs « raisons, que as autres genz. »

[2] Ordonnances des Rois, V, 89 ; *ibid.* (Charte de Noyon), XI, 224 ; Coutumier général, III, 932.

[3] *Ibid.*, XI, 266. (Charte de Lorris.)

Les veuves pouvaient ordinairement continuer l'état de leur mari, quelquefois même en cas de second mariage ; mais alors il leur était interdit d'avoir un apprenti [1] ; les orphelins jouissaient de certaines facilités pour s'instruire dans les métiers [2]. Des mesures étaient prises pour contrebalancer le monopole usuraire des gros capitaux sur le marché [3], ainsi que pour favoriser la création de véritables caisses d'épargne [4].

---

[1] Livre des Métiers, Statut des patenotriers de corail, p. 69.

[2] *Ibid.*, Statut des corroiers, p. 234, et des bouclïers, p. 57.

[3] *Ibid.*, Statut des regratiers, p. 35.

[4] *Ibid.*, Statut des gargotiers, p. 177. Le tiers des amendes est consacré au soulagement des membres pauvres des corporations.

XXVI

L'OBSERVANCE du dimanche et des jours de fête était l'objet de plusieurs dispositions, car il y avait à ménager les exigences du culte, les besoins des populations, comme aussi les intérêts professionnels. En règle générale, tous les métiers, les boulangers eux-mêmes, devaient férier les dimanches et les jours de fête, c'est-à-dire près du quart de l'année, et à Noël le travail était suspendu trois jours de suite [1]; mais, pour diminuer les inconvénients d'une règle aussi absolue, on permettait la tenue d'un marché le dimanche, et on autorisait les corporations à tenir un atelier de chaque état ouvert, sauf aux divers maîtres à user de cette faculté à tour de rôle [2].

---

1 Conf. Statuts des talemeliers, p. 10.

2 Conf. Statuts des orfèvres, p. 39, et Statuts des chauciers, p. 140.

C'est ainsi qu'on est touché de trouver dans les statuts des orfévres des dispositions qui ne permettaient qu'à un seul maître d'allumer ses fourneaux le dimanche, et sous la condition que le gain entrerait dans une caisse commune, dont le produit était affecté à fournir tous les ans, le jour de Pâques, un dîner aux pauvres de l'Hôtel-Dieu [1].

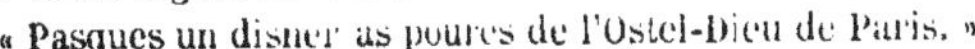

[1] Conf., Statut des orfévres, p. 39 : « Nus orfèvres ne peut ouvrir sa forge un jour d'apostèle, se ele n'eschiet au samedi, « fors que un ouvroir que chascun ouvre à son tour à ces festes « et au diemenche ; et quanques cil gaaigne qui l'ouvroir a ouvert, « il le met en la boiste de la conflarrie des orfèvres, en laquele « boiste on met les deniers Dieu que li orfèvre font des choses « que il vendent ou achatent apartenans à leur mestier, et de « tout l'argent de celle boiste done-on chascun an le jor de « Pasques un disner as poures de l'Ostel-Dieu de Paris. »

XXVII

L'APPROVISIONNEMENT des marchés était également soigneusement protégé. On ne pouvait arrêter sur la route les produits du sol destinés à Paris; ils devaient y être amenés par le chemin le plus direct. Il était sévèrement défendu d'aller au-devant des voitures, de vendre ou acheter ailleurs que sur le marché public, et en général de s'entremettre secrètement dans les transactions[1].

---

[1] « Nous deffendons de par le Roy que nulz, sur peine de corps « et d'avoir, ne aillent contre les vivres qui vienent en la ville de « Paris. — *Item*, que tuit marchans forains meinent leurs mar- « chandises tendre aux lieus et aux places acoustumées, en « laquèle place que il mieulx leur plaira. » Ordonnance du prévôt Guillaume Thibault, en 1299. — *V.* le Vieil-Livre-Rouge du Chastelet. — Conf. Livre des Métiers, p. LXV, 34, 176 et 179.

Au marché, les bourgeois avaient le droit de préemption sur les regrattiers [1], et ceux-ci ne devaient s'y présenter qu'à des heures déterminées et qu'après que le bourgeois avait fait ses approvisionnements. La prévoyance de la police s'étendait jusqu'à vérifier la qualité de la marchandise, la sincérité des poids et des mesures, et les viandes et comestibles gâtés étaient confisqués [2].

1 Statuts des regratiers, p. 34. : « Quar il est resons que les « denrées viegnent en plain marchié et illuec soient veues se « elle sont bones et loiaux ou non, et illuec soient vendues si « que li poure home puissent prendre part avec le riche. Dans « l'introduction il est dit : *Ce avons nos fait pour le profit de « touz et meesmement pour les povres et pour les estranges.* »

2 Conf. Statuts des cuiseniers, p. 176 ; Statuts des talemeliers, p. 12-35.

XXVIII

MAIS c'est dans la partie où les règlements s'occupent de la constitution intérieure de chaque corporation qu'ils reflètent surtout les temps où ils se formulaient, et qu'ils rappellent les principes du régime féodal, bien que déjà quelques industries s'émancipassent en levant plus ou moins les barrières qui en fermaient l'entrée à ceux qui voulaient les exercer. Ainsi, pour parvenir à la maîtrise, il suffisait dans plusieurs états de prouver qu'on savait le métier, qu'on était en possession d'un fonds et qu'on avait domicile réel à Paris [1]. Dans d'autres, on rencontre

[1] Livre des Métiers, p. 61-130, la formule y est ainsi conçue : « Quiconques veut être nommé à Paris, estre le puet pour qu'il « sache faire li mestier, et qu'il ait de quoi. » — Statuts des marchands de couronnes de roses, p. 69 : « Se il ne tient chief d'os- « tel, c'est à savoir feu et leu. »

souvent des stipulations de ce genre : *Que le maître fournira un bon et honnête travail; qu'il sera loyal et prud'homme*[1], *et qu'il se conformera aux usages du métier*[2]. Pour certains états, comme ceux de boulangers, de regrattiers, de serruriers, de forgerons, de marchands de volailles, de tailleurs de limes, de selliers, de cordonniers, de tisserands, d'ouvriers en soie, on exige que les postulants achètent du roi le privilége industriel[3].

Le roi et même des seigneurs possédaient en effet, à titre de privilége, le droit de vendre certains métiers, et pouvaient revendre ou céder ces priviléges à d'autres, et dans ce cas, qui n'était pas rare, le concessionnaire se substituait dans les droits du roi. C'est ainsi que les gantiers[4] et les bourreliers[5] achetèrent le droit de maîtrise au comte d'Eu (parent de saint Louis), et que le droit de pêcher dans

---

1 Livre des Métiers, p. 284 : « Quiconque, etc., estre le puet « franchement pour tant qu'il soit preudome et loïal, et que il « face le mestier bien et loialement. »

2 *Ibid.*, p. 181 : « Quiconque, etc , estre le puet franchement « pour tant qu'il œuvre aus us et as coustumes du mestier. »

3 Les métiers qui peuvent obtenir du roi la maîtrise sont énumérés à la p. 298 du Livre des Métiers. Ce sont, à peu d'exceptions près, ceux qui doivent le *hauban* au roi. Cependant il y a une différence entre l'achat et le *hauban*. A la p. 297, il est dit des bouchers : « Chascun doit, chascun an, VI s. par. de *hauban* « au roy; mès ils n'achatent pas le mestier du roy. »

4 *Ibid.*, p. 240. Statuts des gantiers.

5 *Ibid.*, p. 221. Statuts des borreliers.

les eaux douces était concédé par Guérin du Bois, qui possédait le privilége des pêcheries à titre patrimonial, remontant au temps de Philippe Auguste[1].

Il ne faut pas confondre ces concessions de priviléges avec la juridiction de discipline exercée par plusieurs fonctionnaires de la cour, tels que le grand panetier sur les boulangers; le grand maréchal sur les serruriers, forgerons et charrons; le grand échanson sur les débitants de vin; le valet de chambre sur les drapiers, tailleurs, fripiers; le maître charpentier du roi sur la corporation des charpentiers[2]; le maître cordonnier sur les industries en cuir, etc.

Ces charges pouvaient être données et retirées arbitrairement par le roi, et leurs titulaires n'exerçaient guère que des fonctions de police.

En dehors de cette surveillance, les industries étaient encore loin d'être affranchies de la tutelle du roi, comme le supposent certains écrivains[3], et

---

[1] Livre des Métiers, p. 260. Statuts des pescheurs de l'eaue le Roy. Déjà, en 1160, Louis VII avait accordé le *magisterium* sur cinq métiers à la femme de Yve Lacobe et à ses héritiers, *ibid.*, p. LXXIX.

[2] *Ibid.*, p. 9, 44, 105, 195, 218 et autres. La juridiction du maître charpentier du roi fut supprimée en 1313. Olim, III, 147.

[3] Schaffner, p. 599 : « Dans l'intérieur des corporations régnait « le principe démocratique, mais pas toujours avec une égale « force. Partout les chefs des corporations étaient librement « élus par leurs pairs. »

ce n'était qu'exceptionnellement que les chefs des corporations, les prud'hommes et les jurés étaient librement choisis. Cela avait lieu pour quelques états en métaux, tels que les batteurs d'archal, les fremailleurs [1], ainsi que pour les selliers, qui avaient en outre le privilége de pouvoir tenir des assemblées pour la discussion de leurs intérêts ou l'examen des travaux [2]. Les drapiers avaient aussi le droit de libre élection, avec la faculté de choisir quatre prud'hommes en nombre égal parmi les maîtres et les ouvriers [3]; mais, en général, c'était au prévôt qu'appartenait le droit de nommer et de révoquer les chefs des corporations [4].

Pour résister aux nombreuses exigences qui pesaient sur eux, à toutes les charges qui leur étaient imposées dans l'intérêt public ou par les coutumes, ainsi que pour empêcher l'invasion et l'avilissement des métiers par des ouvriers sans travail, les maîtres cherchaient à se protéger fortement entre

[1] Livre des Métiers, p. 56 et 97 : « En ce mestier sont II preu-« dome por le garder, et sont esleu del commun assent du mes-« tier. »

[2] *Ibid.*, p. 207 : « Tout cil qui sont du mestier des séliers à Paris sont tenuz de venir et d'asembler ensamble, et à la requeste des III mestres ou des II, quand ils ont mestier d'avoir leur consueil. »

[3] *Ibid.*, p. 133. Les chandeliers (p. 133), les aiguilliers (p. 153), les baigneurs (p. 189), les ceinturiers (p. 239), choisissaient aussi librement leurs chefs.

[4] *Ibid.*, p. 42, 53, 75, 140, 147, 148, 157, 160, 169, 171.

eux. Ainsi, ils limitaient le nombre d'apprentis, et prolongeaient généralement le temps de l'apprentissage. Il n'était pas rare de voir ce temps fixé à dix et douze ans, et la moyenne était de six à huit ans, surtout lorsqu'on ne payait pas d'argent pour frais d'apprentissage. Ces prescriptions s'étendaient aux états exercés par des femmes ; par exemple, aux rubannières, qui devaient avoir travaillé pendant un an et un jour avant de pouvoir exercer pour leur compte [1], et encore ne pouvait-on généralement admettre qu'une apprentie par atelier.

Quant au sort de l'apprenti à la fin de son temps d'épreuve, rien n'indique précisément dans le livre de Boileau s'il pouvait immédiatement se présenter pour acquérir la maîtrise, ou s'il devait d'abord travailler comme ouvrier. Une seule fois, à l'occasion des charpentiers, il y est parlé de l'hypothèse où l'apprenti se trouvant en état de faire son chef-d'œuvre, doit être remplacé par un autre apprenti ou valet [2].

Mais si, sous ce point de vue, les documents font défaut, il n'en est pas de même des prescriptions concernant les privilèges ou les exemptions dont

1 Livre des Métiers, p. 88.

2 *Ibid.*, p. 216 : « Se li aprentis set faire chief d'œvre tout sus, ses mestres puet prendre 1 autre aprentiz. » Les tisseurs en soie et en velours étaient aussi soumis à un examen en forme avant d'être admis à exercer leur profession pour leur compte, page 91.

jouissaient certaines industries, soit pour les heures du travail, soit pour le service du guet; ce qui permet de les classer selon leur degré d'importance ou de considération.

Ainsi, les fabricants de cottes de mailles qu'on appelait *haubergiers*, les barilliers, les armuriers, les plumassiers, les fleuristes avaient des immunités qui tenaient, soit à la nature de leurs industries, comme étaient celles qui s'adressaient aux gens de guerre, soit à leur clientèle, dont l'éclat rejaillissait sur eux [1]; mais les autres métiers ne leur auraient sans doute pas envié le droit de travailler à la lumière, si en même temps ils n'avaient joui de l'exemption du service du guet, pour lequel il n'y avait pas alors plus de goût parmi les commerçants que leurs descendants n'en montrent pour la garde nationale.

Il n'était sorte de prétexte dont on ne se servit pour s'y soustraire : les batteurs d'or et les graveurs sur pierre prétendaient qu'ils étaient également utiles aux classes élevées et qu'ils devaient être assimilés aux orfèvres, qui étaient exempts du guet [2]; les tailleurs arguaient de ce que, pendant leur absence, leurs apprentis restaient sans surveillance,

---

[1] Livre des Métiers, Statut des haubergiers, p. 66 : « Quar li mestier est pour servir chevaliers et escuiers et sergens, et pour guarnir chastiaux. » Par suite du même principe, les armuriers portaient un costume plus distingué.

[2] *Ibid.*, p. 74 et 76.

ou bien encore de ce qu'ils étaient souvent forcés par les seigneurs à des travaux d'urgence[1].

Quelquefois la mauvaise volonté se généralisait et devenait presque séditieuse : en 1271, plusieurs corporations furent punies pour s'être arbitrairement soustraites au service du guet, et la cour du roi fut appelée à rendre une sentence[2], qui ne fut pas favorable aux prétentions des réclamants. Au surplus, ce n'était pas seulement contre leur manque de zèle pour le service public qu'on dût se garder, c'était contre l'improbité, la turbulence et les mœurs de certains ouvriers, tels que les tailleurs et les boucliers, qui devaient toujours travailler les fenêtres ouvertes[3]; les foulonniers et les tisserands, dont les statuts durent prévoir certains faits d'immoralité[4], et défendre aux premiers de se réunir[5].

---

1 Livre des Métiers, p. 144.

2 Olim, I, p. 865, n° XXXII.

3 Livre des Métiers, statut des tailleurs, p. 413; statut des bouclicrs d'archal, p. 59 : « Nul bouclier de laton et d'archal ne puet ouvrer en repost; ainçois convient que il œvre seur rue à fenestre ouverte ou à huis entre ouvert, et ce fut commendé très le tans du roy Philippe, por aucuns maus qui en poient avenir. »

4 *Ibid.*, statut des foulons, p. 131 : « Nus foulons ne puet ne ne doit metre en œvre nul vallet ne nul apprentis houlier (mauvais sujet), ne larron, ne meurtrier. » *V.* aussi statut des fabricants de drap, p. 121 et 390.

5 *Ibid.*, statut des foulons, p. 133 : « Doi mestre du mestier ne pluseur ne pucent estre compaignon ensamble en un hostel. »

XXIX

Malgré le soin apporté par Estienne Boileau pour réglementer jusque dans leurs moindres détails les diverses corporations, et surtout pour bien préciser les limites de chaque profession, il ne put complétement atteindre son but, parce que les lois minutieuses ne sauraient empêcher les intérêts privés de chercher à en fausser les plus sages dispositions ni arrêter l'essor de l'activité humaine, et qu'il faut encore tenir compte de la rudesse des mœurs de l'époque. Ainsi, par exemple, le roi lui-même laissait violer à son profit, par ses gens, les règlements sur l'approvisionnement des marchés, et faisait enlever des voitures qui y conduisaient le blé et les poissons, sans que même les personnes spoliées pussent trouver justice [1].

Alors même que ce n'était pas par la violence que le plus puissant s'emparait de la marchandise, les divers métiers s'ingéniaient pour envahir sur la profession des uns des autres et sur les pouvoirs respectifs de leurs maîtrises. A chaque instant les tribunaux retentissaient de leurs querelles ; tantôt les tisserands et les foulonniers voulaient et prétendaient attirer à eux l'appréciation des draps mauvais ou contrefaits [2] ; tantôt les armuriers se plaignaient de ce que les fabricants de poignées d'épée s'immisçaient dans leurs métiers [3] (ce qui fut défendu à ces derniers, qui prirent le biais de s'établir à Saint-Denis, d'où ils fournissaient le marché de Paris) [4] ; tantôt le débat s'élevait entre les fabricants de drap et les teinturiers [5].

---

1 Olim, I, p. 807, nº XXII. La décision de la *curia regalis* (de l'an 1270) fut contraire aux prétentions des marchands qui avaient porté plainte.

2 *Ibid.*, p. 845, nº XVIII. Arrêt de l'an 1270.

3 *Ibid.*, II, p. 462, nº V.

4 *Ibid.*, II, 465, nº VII.

5 *Ibid.*, II, p. 95 et 151. Arrêt de l'an 1279.

XXX

Les conflits s'élevaient également entre les juridictions. On sait que l'évêque, le chapitre de Notre-Dame, plusieurs abbayes et fondations, se partageaient avec le roi l'administration de la justice dans Paris. Le cartulaire de Notre-Dame indique la circonscription de la juridiction épiscopale : elle s'étendait sur les émailleurs, les orfévres, les brodeurs, les marchands d'estampes et sur le marché aux jambons du parvis Notre-Dame[1] ; et, d'après un accord convenu en l'année 1222, l'évêque avait le droit d'entretenir un marchand drapier, un orfévre, un boucher, un fourreur, un corroyeur, un barbier, un sellier, un charpentier, un boulanger et un épicier[2]. C'était là

---

1 Cartul. de N.-D., I, p. LXXXVIII.

2 *Ibid.*, I, p. 122.

des priviléges qui venaient se juxtaposer avec ceux des corporations, qui, comme ceux de beaucoup d'établissements religieux, venaient leur faire concurrence et engendraient plus d'un litige. Ainsi, l'abbaye de Saint-Martin et les Templiers avaient la prétention de faire vendre de la viande, ce que leur contestait les bouchers métropoliseurs du Châtelet[1]. Les ouvriers en fer et les abbayes de Ste-Geneviève et de Saint-Martin-des-Champs se querellaient aussi; mais les abbayes l'emportèrent par le soin qu'elles prirent de citer leurs adversaires devant les tribunaux les plus éloignés, tels que ceux d'Orléans, de Blois, d'Hesdin, où leurs adversaires ne purent les suivre[2].

Ces exemples, qu'on pourrait multiplier, suffisent pour démontrer combien était vive la défense des droits que chaque corporation considérait comme sa propriété.

---

[1] Livre des Métiers, p. 55.

[2] *Ibid.*, Statut des Fèvres, p. 46 : « De ces justices a li mestres usé et use encore pesiblement en toutes les terres aux joustices de Paris et en la terre l'Evesque et en l'autrui, hors mise la terre Sainte-Geneviève et Saint-Martin-des-Chans, qui li empeschent et destourbent à user ent, contre Dieu, contre droit et contre reson. »

XXXI

ETTE énergie se faisait remarquer dans tous les actes de la population parisienne, et dégénérait souvent en un certain esprit de mutinerie et de resistance. On dut renouveler plus d'une fois la défense de porter les armes[1], interdire les fêtes nocturnes, menacer les écoliers d'excommunication à cause de leur turbulence[2], défendre les tournois aux nobles,

1 Olim, II, p. 278. Arrêt de l'an 1288 : « *Ordinatum fuit in presenti pallamento quod nullus portaret, Parisius, custellum ad cuspidem, nec boclerium nec ensem nec arma similia, et quod burgenses Parisiences nulla festa Parisius de nocte facerent, nec propter nupcias nec propter aliam causam, nisi de licencia domini Regis aut prepositi.* »

2 Cartul. de N. D., I, p. 161 : « *Statutum episcopi Parisiensis contra scholares*, de l'an 1269. » Il est reproché aux étudiants « *quod de die et nocte multos vulnerant atrociter, interficiunt, mulieres rapiunt, obprimunt virgines, hospicia frangunt, nec non latrocinia et multa alia enormia Deo odibilia sepe et sepius committendo.* »

mesure qui dut être plus d'une fois renouvelée[1], de même que les efforts de saint Louis pour abolir les combats judiciaires.

C'est que, nous l'avons déjà dit, les mœurs étaient encore rudes et grossières, et ce n'était que par la crainte de châtiments sévères qu'on pouvait mettre un frein aux passions. Ainsi, on punissait d'une amende de 10 livres *le vol d'un baiser*[2], tandis que, si nous croyons les vieux jongleurs ou chanteurs de l'époque[3], les femmes s'adonnaient à l'ivresse et à l'adultère[4], et qu'il fallut interdire aux brocanteurs d'acheter du linge sanglant ou mouillé, afin de ne pas détruire les traces des gens assassinés ou

---

1 Olim, II, p. 161 et 1296. En l'année 1280, Philippe III défendit les tournois jusqu'à Pâques, lors prochain; en l'année 1296, Philippe-le-Bel interdit pour toute la durée de la guerre tous « *torneamenta, joste vel equitationes.* » — Conf. les considérations sur les tournois, par du Cange, dans les Dissertations sur l'histoire de saint Louis.

2 *Ibid.*, II, p. 84, n° XXVII.

3 Chastiement des dames, dans le Recueil de contes, édit. Méon, p. 194, v. 306 :

> Cortoisie, biauté, savoir
> Ne puet Dame yvre en soi avoir :
> Outréement nule proesce
> Na Dame sousprise d'yvrece.
> . . . .
> Fi de la Dame qui s'euyvre
> Ele n'est pas digne de vivre.

Conf. le Dit du Buef, dans Jubinal, nouveau Recueil des contes, etc., I, p. 43; la Borjoise de Rome, *ibid.*, I, p. 79.

noyés, prescription qui se retrouve dans les ordonnances sur les Juifs [1].

[1] Livre des Métiers, statut des ferpiers, p. 196. Il est interdit aux ferpiers qu'il n'achatera de larron et de larronesse à son escient, ne en bordel, ne en taverne, se il ne set de qui, ne chose moilliée ne sanglante, set il ne se dont le sanc et la moilleure vient. — Il est aussi défendu aux Juifs, par une ordonnance de Philippe-Auguste, de l'année 1218 (Ord. des Rois, I, 35), d'acheter des tissus mouillés ou ensanglantés.

XXXII

MAIS si Paris n'était pas exempt des dangers des grandes villes au moyen âge, on y respirait néanmoins une atmosphère de vie joyeuse et exhubérante, que rappellent les surnoms naïfs et expressifs donnés aux Parisiens de cette époque[1], et que prouvent les descriptions des fêtes données par saint Louis en 1266, lorsque son fils fut reçu cheva-

[1] Nous lisons dans le Rôle de taille de l'an 1292 les sobriquets suivants : Guillaume le Cornu, Agnès aux blanches mains, Raoul Tue-tout, Jehan qui beau marche, Robert le Borgne, Ameline la biau pignée (peignée), Aalis aux grosses tresses, Richard Gros-Cul, Nicolas Plat-Pié, la femme feu Guillaume qui tremble, Jehan Mahomet, Robert qui ne ment, Simon le vilotier (débauché), Jehan qui pie (boit). Jacques qui dort, Hodierne la Cerenceresse, Jean qui de rien ne s'esmoie.

lier [1], ou par Philippe le Bel, dans une occasion analogue [2].

Dans ces fêtes bruyantes, si les princes cherchaient à déployer leurs richesses et à rehausser leur splendeur par des cortéges et des mises en scène propres à frapper les esprits, comme en se faisant précéder en plein jour par des torches, ou en se faisant servir à table par des domestiques à cheval, les bourgeois de leur côté cherchaient à attirer l'attention par des processions nombreuses et par la variété des jeux. Les rues étaient tendues de tapis riches en couleur ; des lampes innombrables faisaient du jour de nuit ; la musique se faisait entendre, des danses joyeuses les accompagnaient ; les

1 Gesta sancti Ludovici, dans Duchesne, V, 378. « *Ubi tanta fuit lætitiæ solemnitas, quod populus civitatis Parisiensis ab omni opere vacans solummodo lætitiæ et exultationi intentus per octo dies et amplius civitate per totum cortinis pannorum varii coloris et ornamentis pretiosis mirabiliter palliata solemnitatem protenderent.* » Conf. Félibien, Histoire de Paris, I, 414.

2 A la rigueur, la solennité dans laquelle le fils du roi fut reçu chevalier en présence de la cour d'Angleterre et de celle de Navarre, ainsi que de beaucoup d'autres princes, n'appartient pas à la période de temps dont nous nous occupons, puisqu'elle eut lieu en 1313. Cependant, si l'on s'attache moins aux particularités qu'à l'aspect général des fêtes de ce genre, on pourra, sans avoir à craindre de tomber dans l'anachronisme, y puiser de précieux renseignements sur les usages du XIIIe siècle. On trouvera une description complète de cette fête dans la Chronique de Godefroy de Paris, v. 5074-5472. (Collection des chroniques de Buchon, IX, p. 180.

métiers se réunissaient dans les jeux publics; on montrait au peuple étonné, sur des tréteaux, le paradis avec ses anges, les damnés dans l'enfer et les horreurs du jugement dernier; les trois saints rois de Cologne se présentaient précédés de leurs étoiles; Hérode et Caïphe passaient chargés de leurs malédictions; Pilate se lavait les mains; saint Jean était décapité; Reineke le Renard jouait des farces, paré du bonnet d'évêque, l'Évangile en main, et l'attention des Parisiens se soutenait devant ces spectacles, non pas seulement pendant des heures, mais pendant des jours et des semaines entières, sans jamais se lasser.

XXXIII

INDÉPENDAMMENT des fêtes auxquelles donnaient lieu les événements extraordinaires qui arrivaient dans la famille des princes, il y avait une série de fêtes qui se rattachaient aux jours fériés du culte.

L'Église s'est appliquée avec un soin extrême à s'attacher l'homme dans toutes les phases de son existence. On ne sait pas assez combien au moyen âge l'Église était mêlée à tous les actes de la vie sociale. Indépendamment de tout ce qui touchait à l'exercice du culte, à l'administration des sacrements, le temple et son enceinte étaient le foyer de l'activité, son clocher était l'arsenal où se gardaient les armes, sa place devenait tour à tour le marché ou le prétoire du juge. Dans l'intérieur de l'édifice se tenaient les assemblées politiques; on y admirait les richesses de la terre ou les choses rares et curieuses que les pèlerins apportaient de pays éloignés ou que les fouilles du sol faisaient découvrir. Le commerce même s'y introduisit, au point que l'autorité ecclésiastique dut y pourvoir[1]; c'était là enfin que se célébraient les fêtes qui se rattachaient à des événements religieux.

Dans certaines circonstances la participation du peuple à ces fêtes était purement passive, et c'était l'Église elle-même qui les dirigeait. Il en était ainsi, par exemple, lorsque les pigeons étaient lâchés dans l'église le jour de la Pentecôte, ou qu'on suspendait à la voûte des étoupes enflammées comme symbole des langues de feu; mais il était d'autres fêtes où le peuple prenait une part active. Ainsi, au temps de Noël, le jour des Innocents, de la Circoncision et des Rois, on faisait des processions populaires, et on se livraît à des divertissements dans lesquels une gaieté assez grossière revêtait des formes religieuses, et où la piété naïve se mêlait souvent à des parodies railleuses du culte. Nous ne nous étendrons pas sur le nom de ces fêtes, telles que la fête des Fous, la fête des Anes; sur les priviléges attribués à l'évêque ou au roi des Fous, au prévôt des Étourdis, au *capitaine de Joyeuse entente;* mais nous pensons qu'il faut se mettre en garde contre l'abus qu'on a fait, dans une intention comique ou

---

[1] Cartul. Laudun. Lettres de réformation pour la cathédrale de Laon (de l'an 1260) : « *Ecclesiam locum negotiationis fieri prohibemus, nec in eadem rerum quarumlibet merces vendi, causas audiri vel decidi volumus* »

d'ironie, de certains mots. Ainsi, on a parlé d'une messe des Anes, et on assignait à l'âne un rôle qu'en réalité il n'a jamais eu [1]; de même que nous ne saurions être de l'avis de ceux qui, mus par des motifs religieux, cherchent à nier même l'existence de ces fêtes *religio-populaires*, ou au moins à en amoindrir la signification, car l'intervention des animaux dans les cérémonies du culte ne provenait pas seulement de la folle gaieté des clercs et du goût des masses pour le comique plus ou moins grossier, puisque, quand saint François d'Assise célébra la fête de Noël, il y introduisit aussi un bœuf et un jeune âne, et fit un autel dans leur crèche [2].

---

1 Nous pourrions citer pour exemple la description si connue de la fête de l'âne à Beauvais, et la signification donnée à la célèbre *prose de l'âne*, par l'archevêque de Sens, Pierre de Corbeil, décédé en 1222. Tous les chants se terminaient par *hin, han, hin, han*; et au lieu de finir la messe par les mots : *Ite, missa est*, le prêtre poussait de toutes ses forces le cri particulier à l'âne. Mais tout ce récit ne repose pas sur une base bien solide, et il pourrait être aussi faux que le sens des *a*, *e*, *o*, *u*, *a*, *e*, à la fin des cantiques, que l'on prétendrait être une corruption d'*Evoe*, et l'application de ces mots : *Conductus ad Evangelium*, *conductus ad diaconum*, et autres, à l'âne officiant. Les voyelles rappelées plus haut ne sont que l'abréviation de *sæculorum*, *amen*. Mais *conductus* est un substantif et le nom d'un chant d'église particulier, comme *antiphona*, *versiculus*, etc. Conf. Coussemaker, Histoire de l'harmonie au moyen âge, p. 56, et Didron, Ann. archéol., XVI, p. 26.

2 Vita S. Francisci de Thom. de Celano, I, 10, et Ozanam, poëme du franciscain italien, traduit en allemand, par Julius, p. 66.

Dans l'origine, la représentation des crèches et la fête des Anes étaient distinctes; mais, évidemment, l'une et l'autre avaient la même signification symbolique, et avaient pour objet de représenter la joie et la reconnaissance de tous les objets de la nature.

Il serait cependant difficile de justifier la fête des Fous et des Anes des inconvenances qui s'y rattachaient, comme par exemple cette bénédiction de l'évêque des Fous : *Le ciel corrompe vos tripes ;* ou cette indulgence : *Le ciel vous accorde vingt charges de maux de dents et une queue de vache par dessus le marché*[1], ou bien encore le déguisement des participants à la fête, pendant le service divin, en femmes ou en bêtes, sous lequel on dansait dans l'église, et on entonnait des chansons obscènes en mangeant des gâteaux au lard, en jouant aux dés, ou en encensant avec du cuir brûlé de vieux souliers, comme le prouve un passage de la lettre encyclique à la Faculté de Paris, de l'année 1444.

L'Église, il est vrai, a de tout temps désapprouvé et condamné ces *joyeusetés;* mais les sentences de

---

1 Ceremon. manusc. eccl. Vivar, par du Cange :

« De par Mossenhor l'Evesque
« Que Dieus vos donne gran mal a besele
« Avec una plena balasta de pardos
« E dos das de rayeha de sol lo mento. »

condamnation[1] restèrent longtemps sans effet, et les partisans de ces fêtes alléguaient pour leur maintien que le peuple s'y amusait[2].

A Paris, où l'église de Notre-Dame servait de siége principal à la fête des Fous, nous voyons paraître de bonne heure des restrictions et des défenses.

Dès l'année 1198, le légat du pape se plaint amèrement de la profanation de la fête de la Circoncision par des chants obscènes et des combats souvent sanglants; il défend les processions turbulentes, et retranche des cérémonies toutes les parties prêtant à la bouffonnerie[3]. On voit ensuite se succéder très-promptement des ordonnances de réformation, et même des défenses absolues.

En 1208, l'évêque Pierre de Paris transforma en

1 Beleth, rationale divin. offic. *Antuerpiæ*, 1553, c. 120 : « *Sunt nonnullæ ecclesiæ in quibus usitatum est, ut vel etiam Episcopi et Archiepiscopi in cœnobiis cum suis ludant subditis, ita ut etiam sese ad lusum pilæ demittant. Quanquam vero magnæ ecclesiæ ut est Remensis hanc ludendi consuetudinem observent, videtur tamen laudabilius esse, non ludere.* » Conf. les décisions du concile de Bâle, sess. 21.

2 Dans l'écrit publié pour la défense des citoyens de Tournay contre la plainte du chapitre, parce que ceux-ci avaient dû profaner l'église par leur conduite lors de la fête des Innocents, il est dit que le jeu a été inventé « *ad solacium populi.* » Bibl. de l'École des chartes, III, 568.

3 Cartul. de N. D., I, 72, n° LXXVI.

aumône le privilége des clercs de participer à la fête des Fous[1]; le concile de Paris l'interdit d'une manière absolue en l'année 1212[2], et en l'année 1217 le doyen de l'église Notre-Dame, Hugues Clément, fut glorifié pour avoir réformé la fête de saint Jean (27 décembre)[3].

Mais tous ces efforts n'eurent pas immédiatement le résultat qu'on en attendait, car, à la fin du xve siècle, des villes auxquelles on voulait interdire la fête des Fous invoquaient encore l'exemple de Paris[4]. Il est cependant possible qu'alors ces fêtes ne donnassent plus lieu dans la capitale aux mêmes abus que dans les villes turbulentes de Flandre, restées rudes au choc des guerres civiles.

---

1 Cartul. de N. D., I, 358; IV, 108.

2 Part. IV, c. 16. *A festis follorum, ubi baculus (episcopalis) accipitur, omnino abstineatur.*

3 Necrologium eccl. Paris, dans le Cart. de N. D., IV, 6.

4 Défense des bourgeois de Tournay devant le parlement. Bibl. de l'École des chartes, III, 576 : « Aussi l'appel est de ce qu'ilz ont éleu en evesque et qu'ilz ont fait les jeux, ce qui a esté accoutumé faire *ab omni evo* et passé à deux cens ans, ce qui se fait en toutes les eveschez de Picardie, et pareillement à Paris. »

XXXIV

CETTE exubérance de la vie extérieure et ce besoin de plaisir et de luxe se faisaient jour sous toutes les formes. Il fallut des lois somptuaires pour mettre un frein, trop souvent illusoire, aux folles dépenses de l'intérieur et de la table, dans lesquelles les familles voyaient leurs ressources s'épuiser.

On peut constater, par les ordonnances de 1283 et de 1294, qu'on ne devait payer l'aune de drap, pour son habit de fête, plus de 6 sols, et l'étoffe pour ceux de sa femme plus de 12 sols; les classes supérieures pouvaient, selon leur rang, aller jusqu'à 18 et 25 sols l'aune.

Un duc, un comte ou un baron, ayant 4,000 livres de rentes, ne pouvait acheter plus de quatre robes par an, et autant pour sa femme, sans passer pour dissipateur. Un chevalier, dont le revenu ne dépassait pas 3,000 liv., devait se contenter de trois robes [1].

Nous savons aussi de combien de plats devait se composer un dîner d'apparat ou *grand mangier*. Le menu se formait d'une soupe au lard, de deux plats et de trois en carême, dont quelques données peuvent nous faire apprécier la valeur.

Si l'on devait s'en rapporter à la chronique de saint Magloire, on aurait pu avoir pour 4 sols une quantité suffisante de blé pour faire le pain de toute une famille, et pour une obole on aurait acheté un panier du plus beau fruit. C'eût été l'âge idéal du bon marché [2]; mais ce sont évidemment des faits exceptionnels qui doivent se rapporter à des années d'excessive abondance. C'est ce que prouve la comparaison des prix qu'on trouve indiqués tant dans les cartulaires de plusieurs églises

---

1 Ordonn. des Rois, I, 541. Conf. Remarq. 70.

2 Chroniques de saint Magloire, dans les fabliaux et contes, édit. Méon, II, 232, v. 188 et 210. Pour l'année 1287, on lit :

« E blé si fu à grant lagan
« Pour quatre solz avait l'en tel
« Qui fist bon pain en grant ostel ; »

et pour l'année 1290 :

« Mais cele année fu tant fruit
« Conques n'en fu autant, ce cuit (je pense)
« On avoit de tout le plus chier
« Pour une obole plain panier. »

que dans les livres de compte de la cour. Les ordonnances des rois donnent également le prix de plusieurs choses, tant immeubles que meubles, et le taux de divers traitements.

Ainsi, en l'année 1226, une maison de Paris était achetée 46 liv.; en l'année 1260, ces mêmes maisons étaient payées 432 liv. 10 s., et une maison avec jardin, près de la porte Saint-Eustache, 200 liv.[1].

Le loyer qu'un chanoine de Notre-Dame payait pour sa maison, dans le cloître, variait de 5 à 15 liv., et celui des trente-sept maisons des chanoines s'élevait au chiffre de 300 liv. Le loyer de dix-sept autres maisons, situées dans d'autres quartiers de la ville, variait de 5 à 17 livres, et rapportait la somme totale de 138 liv. 7 s.[2]. Or, en admettant que le loyer pût alors être calculé comme aujourd'hui à 5 pour 100 de la valeur de la maison, on trouve comme moyenne la somme de 162 à 166 liv., ce qui porterait le prix moyen d'une maison parisienne au XIIIe siècle à 164 liv., ou, d'après le taux actuel de l'argent, 16,400 fr., sauf évidemment à tenir compte de la différence résultant des quartiers.

Les frais de la cour du roi Philippe IV s'élevaient en 1285 à 4,000 liv., ou 155,122 fr. par mois, et ceux

---

[1] Cartul. de N. D., II, 516, 506; III, 27. Conf. la préface de Guérard, p. CCXI.

[2] *Ibid.*, II, 413, 419, 428, 460, 466, 539; III, 47, 76, 89, 387.

de la maison de la reine à la moitié de cette somme. La solde journalière du premier chevalier était de 3 s. 6 d., ou 19 fr. 95 c.; celle du chapelain de 6 d., ou 2 fr. 85 c,; celle du roi des ribauds, auquel appartenait probablement une fonction plus relevée que celle de *valet de chien*, était de la même somme[1].

Le prix d'un bœuf sur pied était de 1 liv. 10 s.; celui d'un mouton de 6 s. 3 d., ou environ 36 fr.[2].

En l'année 1285, un cheval ne coûtait pas moins de 16 liv., ou 1,820 fr. 68 c., et à la fin du siècle 7 liv. 12 s. seulement. A la même époque, on payait un jeune taureau 4 liv. 15 s. (311 fr.), une barrique de vin 3 liv. 5 s. (268 fr. 15 c.); une aune de grosse toile environ 4 fr., d'après la valeur actuelle de notre monnaie, et on payait pour une aune de drap jusqu'à 1 liv. 4 s., ou 136 fr.[3].

S'il est permis de supposer que des prix élevés, dus à des circonstances extraordinaires dans une ville de province française doivent se rapprocher des prix ordinaires de Paris, et qu'un écart de quelques années n'y eût pas apporté une différence notable, nous indiquerons le salaire des divers ouvriers pendant le séjour de Clément VII à Poitiers,

---

[1] Mémoire sur l'appréciation de la fortune privée au moyen âge, par Leber, dans les mémoires présentés à l'Académie des inscriptions, 1re sér., I, p. 233.

[2] Cart. de N. D., III, 456, 455.

[3] Mém. sur l'appréciation de la fortune privée au moyen âge.

en l'année 1307, où tous les prix subirent par suite une augmentation sensible : un garçon boulanger gagnait 2 s. 6 d. (14 fr. 25 c.) par jour; un charpentier ou un maçon 1 s. (5 fr. 70 c.); un journalier ordinaire 9 d. (4 fr. 28 c.); un maréchal 4 d. (1 fr. 90 c.)[1].

En général, les denrées ordinaires et les produits de la terre et de la campagne devaient être beaucoup meilleur marché qu'aujourd'hui, tandis que tous les objets de luxe, parmi lesquels il faut ranger beaucoup de choses qui comptent aujourd'hui parmi les indispensables, étaient à des prix presqu'inaccessibles.

On peut admettre que 50 liv. d'alors équivalaient à 3,300 fr. au tarif actuel, et par conséquent 5,000 liv. à 330,000 fr.[2]; mais on se tromperait évidemment si on voulait en conclure que le propriétaire d'une rente de 50 liv. vivait comme le ferait aujourd'hui le possesseur d'une rente de 3,300 fr., et le propriétaire d'une rente de 5,000 liv. comme l'homme qui aurait maintenant 330,000 fr. de revenu; car, avec le prix peu élevé des objets de première nécessité, le petit propriétaire pouvait vivre aussi bien, sinon mieux, que le petit rentier de nos jours, tandis qu'avec la rareté et l'élévation du prix des objets de luxe au XIIIe siècle, on ne pouvait évidemment se procurer pour 5,000 liv. la somme de jouis-

---

[1] Mém. sur l'appréciation de la fortune privée au moyen âge.

[2] *Ibid.*

sance que peut se donner aujourd'hui le possesseur d'un revenu de 330,000 fr., d'où nous devons conclure que la vie matérielle était plus facile au XIIIe siècle, et que le luxe est à meilleur marché dans les temps modernes.

XXXV

Si, des conditions de l'existence matérielle du vieux Paris, on passe à la recherche de l'état de l'opinion publique, on éprouve un assez grand embarras pour le constater avec quelque certitude. La source principale de renseignements, si riche pour les siècles postérieurs, n'existait pas alors ; les éléments journaliers de l'opinion, comme le sont aujourd'hui les feuilles publiques, étaient inconnus au XIIIe siècle, et, à leur défaut, on doit les rechercher dans les *Dits* et les chants des *Jongleurs*, qui faisaient entendre leurs voix sur tous les événements importants, se faisaient l'écho des jugements populaires, et remplaçaient en quelque sorte la critique publique.

Il est vrai qu'on peut douter qu'ils fussent aussi impartiaux et dignes de foi qu'ils étaient nombreux, et aussi amis de la vérité qu'ils étaient familiarisés avec les tours de gibecière et avec leurs instruments de musique [1], car ils devaient, par métier, parler le plus souvent selon le sentiment des gens dont ils sollicitaient l'approbation et un salaire. Aussi, soit qu'ils accourussent à une fête, soit qu'ils allassent de foire en foire, soit qu'ils fréquentassent les tournois, soit qu'ils jouassent ou chantassent dans la

---

1 Conf. les Deux Bordeors ribaux, Œuvres de Rutebeuf, édit. Jubinal, I, 337 :

« Ce suis juglères de viele
« Si sai de muse et de frestele (flûte)
« Et de harpe et de chifonie,
« De la gigue, de l'armonie, etc.
« . . . .
« Et si sai meint beau geu de table
« Et d'antregiet et d'arrumaire (escamotage)
« Bien sai un enchantement faire, etc.
« Ge sai contes, ge sai flabeax,
« Ge sai conter beax dix noveax,
« Rotruenges vieg et noveles
« E sirventois et pastoreles, etc.
« Ge sai bien la trompe bailler,
« Ge sai la chape au cul tailler,
« Si sai porter consels d'amors
« Et faire chapelez de flors
« Et çainture de druerie
« Et beau parler de cortoisie
« A ceux qui d'amors sont espris. »

Conf. Recherches sur l'histoire de la corporation des ménestriers de la ville de Paris, par Bernhard, bibl. de l'École des chartes, III, 377.

maison des riches [1] ou que ce fût dans la rue, devant la foule assemblée [2], ils devaient se conformer aux idées et aux tendances de leurs auditeurs.

D'autres circonstances exerçaient encore de l'influence sur leur jugement, et s'ils avaient des louanges toutes prêtes pour leurs protecteurs, ils tenaient en réserve l'injure et l'ironie pour ceux qui les négligeaient et dont ils avaient à se plaindre.

En général ils paraissent peu contents de leur destinée, jamais satisfaits de ce qu'on leur donne, se plaignant des mauvais temps et de la décadence de leur métier [3]. Dans leur langage hyperbolique ils prétendaient que, depuis la destruction de la ville de Troyes, il n'y avait pas eu de plus grand désastre que ceux qui étaient survenus dans la fortune des jongleurs, et trop souvent leurs appréciations plus mobiles que le vent variaient selon leur humeur.

Le récit simple et vrai de Joinville nous apprend que saint Louis faisait venir pendant ses repas des

---

[1] Jubinal (œuvres de Rutebeuf, I, 10) cite la chanson de Colin Muset :

> « Sire quens, j'ai vielé
> « Devant vos en vostre ostel, etc. »

[2] *Ibid.*, Dit de l'Erberie, I, p. 250.

[3] *Ibid.*, de l'état du monde, I, 225, et dans la note IV, p. 2. ces mêmes mots tirés d'un auteur anonyme :

> « Chascuns a son donnet perdu,
> « Li menestrel sont esperdu. »

ménestriers pour chanter et réciter des vers, et qu'il retardait même son *benedicite* jusqu'à la fin de leurs jeux [1]; les jongleurs reconnaissent généralement sa libéralité [2], bien que le vaillant sénéchal ne puisse échapper au sort d'être accusé par eux, dans un de leurs accès de misanthropie, d'être le roi de l'avarice [3], et d'avoir fait de son palais un cloître de moines depuis que le bon vieux temps avait disparu [4].

Suivant eux, le peu d'influence qu'avaient leurs

---

1 Ce témoignage peut être regardé comme plus empreint de vraisemblance que l'affirmation d'un poëte inconnu du roi Arthus et de saint Loys. (Jubinal, nouveau recueil, II, 201.)

« Quant saint Loïs chanter vouloit,
« De Dieu ou de sa mère chantoit;
« Ne fust chançon nule chantée
« Du siécle; mès de Notre Dame
« Povoit chanter et homme et fame.
« Dont un escuier il avoit
« Qui du siécle trop bien chantoit
« Il li deffent que plus n'en die,
« Et qu'il chante de dame Marie. »

2 La branche aux royaux lignages, citée par Jubinal, œuvres de Rutebeuf, I, 2, note IV :

« Viex menestriex mendiaus. . . .
« Tant du sien par an emportoient
« Que nombre ne puis avenir. »

3 Renart le Bestourné, de Rutebeuf (Jubinal, I, 198), où saint Louis est représenté comme *noble le lion*.

4 *Ibid.*, p. 201.

« Monseignor Noble ont fait getié
« De bons usages;
« Ses ostex samble uns reclusages. »

chants provenait de ce que certaines classes de la société ne remplissaient pas la mission qui leur était assignée sur cette terre dans la formation du monde.

Dieu, dit un ménestrel chagrin, a créé trois classes d'hommes : les seigneurs, les ecclésiastiques et le peuple ; aux uns il a donné la terre à gouverner ; aux autres il a donné la dîme, et le peuple doit travailler pour les deux autres ; mais, dans ce partage, deux classes étaient restées en dehors et sans attributions : les ménestrels et les courtisanes. Dieu ordonna alors aux seigneurs de nourrir les ménestrels, et il chargea les prélats du soin d'entretenir les courtisanes. Les prélats, ajoute le poëte, ont rempli leurs devoirs et gagnent ainsi le paradis ; mais il ne saurait y avoir de salut pour les autres, qui laissent mourir de faim les ménestrels [1]. Resterait cependant à examiner qui de l'avarice des seigneurs ou de la joyeuse vie des ménestrels et de l'amour des dés [2] est la

---

1 Le Grand d'Aussy, fabliaux, etc., II, p. 117.

2 Fabliaux et contes, édit. Méon, III, 282. Un jour que le diable allait en voyage, il confia les clefs de l'enfer à un ménestrel. Saint Pierre veut mettre à profit l'absence du diable, se munit de dés tout neufs et très-brillants, et descend aux enfers pour proposer au ménestrel de faire une partie. Ce dernier ne résiste pas à une semblable proposition. Il joue, et dans cette partie perd à chaque coup une âme. Déjà saint Pierre a gagné la moitie des réprouvés, lorsque le ménestrel hasarde l'autre moitié dans un dernier coup. Il perd, et l'enfer tout entier se rend au

véritable cause de leur pauvreté et de leur parenté avec Job.

Le jugement des ménestrels sur la vie du clergé est amer et souvent haineux ; ils se posent quelquefois comme les rivaux de l'Eglise, et cherchent à substituer leur influence à celle de l'Eglise sur les populations.

N'était-ce pas en effet faire preuve d'un singulier orgueil que de vouloir se comparer aux prédicateurs, comme le faisait le vieux Rutebeuf, lorsqu'il assure que ses chants produisaient plus d'effet qu'un sermon, et corrigeaient plus de pécheurs que la lecture de l'Evangile.

On comprend dès lors que l'Eglise, usant du pouvoir dont elle était armée, s'élevât contre les ménestrels et contre cette littérature laïque qui détournait les ouailles du respect des choses saintes et des ministres de la religion ; aussi défendait-elle les déduits des ménestrels [1], en prêchant en chaire

---

paradis sous la conduite de saint Pierre. Conf. *la Griesche d'yver* de Rutebeuf. (Jubinal, I, 27.)

« Li dé qui li détier ont fet
« M'ont de ma robe tout desfet ;
« Li dé m'ocient,
« Li dé m'agnetent et espient
« Li dé m'assaillent et déffient, etc. »

[1] Conf. li Diz de Freire Denize le cordelier, de Rutebeuf. (Jubinal, I, 289.)

« Vons desfendez aus bons genz
« Et les dansses et les caroles (danse et chant),
« Vieles, tabors et citoles (instruments à cordes),
« Et déduis de menesterez. »

et de plus la complainte de Constantinople, p. 105.

« Or nous deffent-on la carole. »

contre le *Roman de la Rose*, que beaucoup préféraient, au XIVe siècle, à la Comédie divine [1], et de célèbres théologiens ne dédaignaient pas de publier des critiques sur ce fameux roman [2].

Aussi, tout en se gardant des jugements des ménestrels, et en n'acceptant leurs assertions qu'avec réserve, comme, dans leurs exagérations, ils n'auraient pas osé heurter l'esprit et l'opinion de leur temps, on peut les considérer comme les organes de la voix populaire, lorsqu'ils sont d'accord pour porter le même jugement sur le même sujet, surtout s'ils ont pour eux d'autres témoignages, par exemple, ceux des chroniqueurs.

[1] Hist. littér. de la France, XVI, 236.

[2] *Tractatus contra Romantium de Rosa*, t. III, oper. Gersoni, édit. Dupin, Anvers, 1706.

XXXVI

Un des sentiments qui dominaient le plus au XIIIe siècle est la réprobation, ou même la condamnation dont les croisades étaient alors frappées. Les priviléges accordés aux croisés [1], leur conduite à leur retour [2], leur indifférence sur les maux de la pa-

---

[1] Nous pouvons citer comme exemple : *Manus non potest mitti in crucesignatum.* Olim, II, 171, 231. Conf. Etablissements, l. I, c. LXXXIV.

[2] La disputizons don Croisié et don Descroizié, de Rutebeuf. (Jubinal, I, 131.)

« Mult vont outre meir gent menue,
« Sage, large, de grant aroi,
« De bien metable convenue
« Et bien i font, si com je croi,
« Dont l'arme est por meilleur tenue :
« Si ne valent ne ce ne quoi
« Quant ce vient à la revenue. »

trie, la croyance orgueilleuse que la croix leur donnait le privilége de toutes les vertus et les dispensait de toute autre bonne œuvre [1], devaient exciter l'envie et le mécontentement. A ces causes se joignait encore la triste issue de la croisade faite par saint Louis en 1249. On ne pouvait oublier que, dès cette époque, la reine Blanche et plus d'un seigneur, convaincus qu'ils ne reverraient pas leurs enfants, avaient fait une forte opposition contre cette entreprise; aussi, quand en 1270 saint Louis prit de nouveau la croix, beaucoup, et même le fidèle Joinville, refusèrent d'y participer; des doutes sinistres s'emparèrent des jeunes et aventureux chevaliers en présence de la santé du roi; et si, d'un autre côté, on n'osait en dissuader ouvertement le pieux monarque dans la crainte de paraître d'une indifférence coupable pour le service de Dieu; plus tard, alors que l'issue fatale de cette guerre ne justifia que trop les appréhensions, on fit valoir la raison d'Etat qui aurait dû arrêter le roi dans sa funeste résolution [2].

---

[1] Les Crieries de Paris (Fabliaux, édit. Méon), II, p. 280, v. 80 *et seq.*

« Du pain au sas, pain aus Barrez
« Aus povres prisons enverrez
« A cels du Val des Escoliers
« Li uns avant, li autres arriers,
« Aux fréres des Pies demandent,
« Et li Croisié pas ne atandent. »

[2] Joinville (édit. Petitot), p. 400 : « Depuis ouy je dire à plu-« sieurs, que ceulz qui lui conseillèrent l'entreprince de la croix,

Toutes ces appréhensions trouvèrent dans les classes populaires un retentissement dont Rutebeuf se fit l'écho dans ses *Desputizons du Croisé et dou Descroisé*, où il relève leurs diverses causes en plaçant dans la bouche de son opposant toutes les raisons qu'on faisait valoir alors contre la croisade [1].

En présence de cet état des esprits, il ne saurait paraître étonnant que la croisade de saint Louis à Tunis ait été la dernière, et que le sort de la terre sainte fut dorénavant abandonné en quelque sorte à lui-même.

« firent ung tres grant mal, et pechèrent mortellement. Car tandis « qu'il fut en royaume de France, tout son royaume vivoit en « paix et règnoit justice. Et incontinant qu'il en fut hors, tout « commença à décliner et à empirer. »

1 Œuvres de Rutebeuf (édit. Jubinal), I, p. 124.

XXXVII

Au milieu de ce mouvement de l'opinion, il est cependant à remarquer que la haine contre les Juifs, qui semblait devoir se lier avec l'enthousiasme pour les croisades, ne s'affaiblit pas. Les actes d'oppression les plus violents se renouvelèrent au contraire à Paris, vers la fin du XIIIe siècle, contre la population juive, qui, d'après l'opinion d'un jurisconsulte du moyen âge, ne devait nullement vivre pour elle, mais dans l'intérêt des autres nations. Les Juifs étaient, en effet, considérés comme une chose et comme propriété du foncier[1].

Rentrés en France à la fin du XIIe siècle, ils se maintinrent dans le royaume pendant tout le siècle suivant; mais chaque nouveau règne les soumit à

---

1 Olim, II, p. 364, nº VI.

une humiliation plus grande. Saint Louis les poursuivit avec le zèle d'un convertisseur; et, alors même qu'ils renonçaient à la foi de leurs pères, ils demeuraient séparés des chrétiens pendant deux générations, sous le nom de *baptizati* [1]. Ce roi leur imposa aussi un costume particulier : une grande cocarde jaune, large comme la main (rouelle), placée sur le dos, et une semblable sur la poitrine, les faisaient reconnaître de loin aux persécuteurs et aux railleurs [2]. Philippe III y ajouta encore une coiffure qui provoquait la risée de la populace. On confirma en outre, non-seulement toutes les anciennes lois contre l'usure [3], mais encore un impôt spécial sur leur personne et sur les emblèmes du culte israélite. Ainsi, lorsque les Juifs passaient devant le bureau de l'octroi de Montlhéry, près Paris, et qu'ils portaient avec eux la lampe du sabbat ou le Talmud, ils étaient obligés de payer pour ces objets un droit particulier [4].

---

[1] Olim, II, p. 1033.

[2] Ordonnances des Rois, I, 294.

[3] *Ibid.*, I, 35. D'après l'ordonnance de Philippe-Auguste, de l'année 1218, les Juifs ne pouvaient rien prêter aux gens qui ne possédaient aucune propriété mobilière, ne pouvaient prêter aux clercs qu'avec l'assentiment de l'abbé ou du chapitre; ils ne pouvaient recevoir en gage ni objets dépendant des églises, ni tissus mouillés ou ensanglantés, ni bêtes de trait, ni grain non criblé.

[4] Péage de Monlhery, dans le Livre des Métiers, p. 447. *Item*, « Livre à Juifs qui ont aiz, chascun livre iiij den. ; le juif pour son corps, obole ; s'il porte lampe, il en doit obole. »

Toutes ces humiliations ne purent même suffire aux exigences de l'opinion et les préserver d'un nouveau bannissement qui, ordonné par arrêt du parlement en 1290, notamment pour ceux venus d'Angleterre et de Gascogne, s'exécuta dans le courant de l'année suivante.

XXXVIII

ON se serait donc trompé si, du refroidissement des esprits pour les croisades, on avait tiré la conséquence que la haine pour les Juifs aurait dû s'affaiblir; de même il ne faut pas déduire, des jugements sévères et pleins de partialité portés contre les hommes d'Église, que le siècle fut irréligieux, et que surtout le peuple de Paris ne fut pas profondément attaché à son culte et à ses souverains.

Avec quelle joie vraie et enthousiaste toute cette population ne se rendit-elle pas au contraire au-devant de son roi saint Louis, lorsque celui-ci, nu-pieds, vêtu d'une simple tunique, porta, à travers les rues de Paris, cette parcelle de la vraie croix acquise à un si haut prix des empereurs d'Orient, pour la déposer dans la riche chapelle de son palais, et ne trouve-t-on pas partout, même dans les chants des jongleurs, l'expression de la foi la plus vive à la Vierge, mère du Christ.

Mais cette foi vive, exubérante, désireuse et avide de cérémonies, n'arrêtait pas cependant, ainsi que nous l'avons déjà dit, l'amertume des critiques et des censures des poëtes et des ménestrels, qui s'attaquaient tout à la fois aux membres du clergé, aux corporations religieuses, à tous les serviteurs de l'Eglise et à tous les abus des différents ordres et de la cour de Rome.

« Qu'a gagné la France à son obéissance envers Rome, dit Rutebeuf, si ce n'est de se voir tondre la laine plus souvent[1] ? De Rome viennent tous les vices, l'avarice et la simonie ; la corruption est la véritable clef qui ouvre les portes de Rome[2]. Les prélats ne font la guerre qu'au vin et au rôti ; c'est là leur Dieu et toute leur vie[3]. Les chanoines en font autant : ils se tiennent aux bourses garnies, et, si

---

[1] De la Vie dou Monde, OEuvres de Rutebeuf (édition Jubinal, I, 236).

[2] *Ibid.*, p. 234 :

« Si voille empêtrer : da
« Et si non voille dare, enda la voie, enda. »

Conf. la Lection d'Ypocrisie, II, 71.

[3] La Complainte d'Outremer (*Ibid.*, I, 95) :

« Qui riens nule plus vous demande
« Fors bons vins et bone viande
« Et que li poivres soit bien fors !
« C'est vostre guerre et vos effors ;
« C'est vostre Diex, c'est vostre biens.

on ne les payait pas pour dire la messe, on ne les verrait pas souvent à l'autel! Les moines entendent parfaitement l'art de devenir riches; ils ne donnent rien et prennent tout [1]; mais ils comprennent moins bien l'art de s'entr'aimer, et se souhaitent réciproquement de se voir au fond de la mer [2]. »

Les ordres particuliers ne sont pas plus ménagés : « Les béguines portent, il est vrai, un habit religieux; mais elles cachent dessous un cœur mondain [3]. Si les chartreux et les trinitaires trouvent grâce aux yeux du satirique, les dominicains et les franciscains, qui avaient excité contre eux le peuple de Paris par leur lutte avec l'Université, n'en sont que plus rudement traités. L'amour de la bouteille est le moindre des vices qui leur est reproché [4]. Ils

---

1 De l'Estat du Monde (*Ibid.*, I, 219) :

« Toz jors vuelent sanz doner prendre
« Toz jors achatent sans rieu vendre. »

2 *Ibid.*, I, p. 220 :

« Li uns covenz voudroit de l'autre
« Qu'il fust en .i. chapiau de faultre
« El plus pércillueus de la mer :
« Ainsi s'entraiment li aver. »

3 *Ibid.*, I, p. 173 :

« Béguines a-on mont
« Qui larges robes ont :
« Desouz les robes font
« Ce que pas ne vous di
« Papelart et Béguin
« Ont le siècle honi. »

4 Jubinal, nouveau Recueil. Le Dit de Moustiers, II, p. 107 ·

« Cordeliers de bon vin boivent volontiers. »

cachent sous leur robe la fierté et l'ignorance; ils s'insinuent dans les familles, et cherchent à s'emparer de tous les secrets[1]. Ils se font exécuteurs testamentaires des usuriers pour s'emparer de leur argent, et qui les oublie dans ses dernières volontés a toute raison d'être inquiet du salut de son âme; ils ont commencé par s'abriter sous de pauvres cabanes et finissent par habiter de magnifiques palais[2]. »

Il est remarquable que, tandis que le clergé se trouve attaqué avec une passion et une violence aveugle, les avocats, envers lesquels l'opinion se montre peu indulgente, aient pu échapper aux sarcasmes du poëte, qui se contente de blâmer leur avidité[3].

Cette différence d'appréciation vient de ce qu'au XIIIe siècle il existait bien une certaine rivalité entre les chevaliers ès-lois et les chevaliers ès-armes, puisque, sous le règne de saint Louis, les grands vassaux et les fonctionnaires de la couronne virent s'ouvrir la cour du roi aux simples clercs, aux moines et aux gens de loi, et que les *milites* et les *clerici* formaient déjà dans le parle-

---

1 La Bataille des Vices contre les Vertus (Rutebeuf, II, 62) :

« Les secrez encerchent et quièrent. »

2 Conf. les Ordres de Paris, de la Vie du Monde, le Dit des Jacobins, de Rutebeuf, et les Droiz au clerc du Voudrai, dans Jubinal, nouveau Recueil, II, 146.

3 L'Etat du Monde (Œuvres de Rutebeuf, I, 222).

ment deux partis nettement tranchés [1] ; mais la prédominence des hommes de loi n'était pas encore ce qu'elle fut dans le XIVe siècle, où le sarcasme et l'animosité passèrent du clergé aux *domini de parlamento*.

[1] Olim, II, 328, 874.

XXXIX

CET aperçu des sentiments du peuple de Paris sur les classes élevées, trop souvent rivales entre elles, nous conduit à rechercher les sources auxquelles les Parisiens puisaient leurs pensées et formaient leurs opinions et leur jugement.

Les représentations théâtrales du moyen âge, leur nature, leur forme, leur objet étaient, avec les enseignements du culte, les éléments de l'instruction populaire, car le haut prix et la rareté des livres ne permettaient guère de l'étendre au delà. Un livre coûtait, en effet, plusieurs centaines de francs (de 4 à 6 liv.), et son ornement et sa reliure exigeaient une certaine fortune [1].

---

[1] Le Cartulaire de Notre-Dame (I, 157) indique, pour le prix d'un Bréviaire, en l'année 1228, XVI livres paris. Dans le

Lire des livres, former des bibliothèques n'était pas et ne pouvait être dans les usages de la vieille bourgeoisie de Paris; autrement les quarante mille copistes que la France comptait au XIIIe siècle [1] n'auraient pu, avec toute leur activité, suffire à ce besoin.

L'industrie de ces intelligents écrivains était surtout employée par les monastères et les corporations savantes, où le goût de la lecture se porta de bonne heure vers la littérature classique en dehors des ouvrages religieux. Ainsi, dans le catalogue de la bibliothèque que possédait le cloître de Saint-Père de Chartres au XIe siècle, à côté des quatre-vingt-quatorze ouvrages appartenant aux matières de religion, se rencontrent Annæus Florus, Juvénal, Ovide, Beda, Boëtius, Cassiodore, Grégoire de Tours, et « *Versus* de Carolo Magno [2]. »

Bien qu'on n'ait que peu de renseignements sur les bibliothèques de Paris au XIIIe siècle, on sait que saint Louis en avait fondé une dans la sainte Chapelle, qui fut dispersée après sa mort; qu'il en existait également à l'église Notre-Dame, dans les

---

Mémoire sur l'Appréciation de la Fortune privée au moyen âge (Rem. 216), le prix d'un livre d'Evangiles est porté à IV liv. X s. (512 fr.), et celui de l'enluminure et de la reliure d'un Bréviaire à I liv. XV s. (199 fr. 15 c.). Conf. le prix des livres dans l'Hist. litt., XVI, p. 39.

1 Hist. litt., XVI, 38.

2 Bibl. de l'Ecole des chartes, ser. 3, t. V.

abbayes Sainte-Geneviève, de Saint-Victor, dans l'établissement de Sainte-Catherine, au Val des Ecoliers, qui avait une armoire remplie de trois cents volumes [1], et que les maîtres en Sorbonne, tout pauvres qu'ils étaient généralement, possédaient de véritables trésors.

On connaît aussi le sujet des principaux ouvrages qui formaient ces bibliothèques par les nombreux testaments dans lesquels il est question de donation de livres [2], et où les titres de ces ouvrages étaient assez exactement indiqués.

Le fond de ces collections [3] se composait de livres

---

1 Hist. litt., XVI, 34.

2 Nous nous contenterons de citer un seul exemple (Cartul. de N.-D., II, 495) : *Nomina librorum theologie, quos bone memorie Mgr Stefanus, quondam legatus Cantuarensis legavit accomodandos pauperibus scolaribus, Parisiis theologie studentibus et indigentibus.*

3 Au nombre des vingt-six ouvrages que le légat Etienne laissa par testament aux étudiants pauvres, nous voyons : *Biblia sine glossa completa, Genesis et Exodus glosati, libri Salomonis glosati, Exodus glosatus per se, Job, Ezechiel, etc., Evangelia glosata, Psalterium glosatum, libri Sententiarum, libri Numerorum, Josue, Judicorum, Ruth, Deuteronomici glos., quatuor libri Regum, Paralipomenon 1 et 2, Epistolae Pauli, Ystorie, Scolastice.* Un catalogue de l'année 1296 comprend à peu près les mêmes livres, et de plus : *Originale sententiarum magistri Petri Lombardi*, et *Summe de viciis et virtutibus.* Le legs de Pierre de Joingniac, en l'année 1296, comprend quarante-neuf ouvrages, parmi lesquels : *Actus apostolorum, Epistole canonice et Apocalipsis* réunis ; les ouvrages de saint Augustin : *Itinerarium Clementis, Sermones Petri Abelardi, liber de Anima.*

bibliques avec ou sans glossaire, d'écrits des Pères de l'Eglise, de sermons, d'ouvrages scolastiques et de dissertations contre les Juifs et les hérétiques. Ces bibliothèques étaient, du reste, en rapport avec la direction donnée aux études dans le XIIIe siècle.

Il devait également exister des bibliothèques dans quelques palais des seigneurs laïques, dont la composition au XIIIe siècle nous est moins connue, mais qui néanmoins devaient renfermer plus d'ouvrages traitant des belles-lettres, écrits dans la langue maternelle, que de traités ecclésiastiques, du moins si nous en jugeons d'après les catalogues des bibliothèques de cette nature dressés au commencement du siècle suivant.

Cette différence dans la nature des ouvrages composant les bibliothèques universitaires, ecclésiastiques ou laïques, provenait de ce que depuis saint Louis la langue française s'était développée et était souvent employée dans les documents publics. Il commença alors à se former une riche littérature, vive de pensée, attachante par la forme, et particulièrement destinée aux laïques. C'était cette littérature qui occupait la plus grande place dans les collections des grands seigneurs, où, par exception, on rencontrait les ouvrages écrits en latin.

---

liber Arricobron fontis vite, Disputatio Petri Christiani cum Moyse Judaeo de fide christiana, Flores philosophorum excerpti de libro Macrobii Saturnaliorum, liber contra hereses Catharorum. Conf. Cartul. de Notre-Dame, II, 495, et III, 349.

Les ouvrages de science paraissaient n'y tenir aucune place, mais les romans y abondaient. Les catalogues indiquent souvent le récit des tours de Reineste et des aventures de Tristan. Les ouvrages religieux qui s'y rencontrent ont généralement une teinte poétique et empruntent souvent la forme des légendes ; on y remarque quelques descriptions de voyages, et les œuvres des contemporains commencent à y figurer à côté des ouvrages traditionnels [1].

[1] Dans la bibliothèque du comte Robert d'Artois, au commencement du XIVe siècle, se trouvaient le roman de Tristan, un roman des enfances Ogier (d'Adenes), les romans de Renart, de la Violette, de Gerbert de Montereuil, une Bible française, le roman de Vies de Saints, le roman du grand Khan (Marco Polo ?), le roman des Coustumes de Normandie. La bibliothèque du château de la Ferté, dont nous avons un catalogue du commencement du XIVe siècle, comprenait au delà de cinquante volumes, parmi lesquels le Livre de Barlaam et de Josafat, un Livre des Miracles de Notre-Dame, l'Image du Monde, les Livres de Météores, le *Secretum secretorum,* attribué au moyen âge à Aristote, et une *Cronikle* en latin de Charlemagne. Conf. Bibl. de l'Ecole des chartes, sér. 3, t. III.

XI.

LA séparation qui existait entre les études des corporations savantes et la culture de l'intelligence chez les laïques se remarquait également entre l'activité de l'Université de Paris et celle de la ville proprement dite.

L'Université avait, il est vrai, souffert plusieurs atteintes pendant le cours du XIIIe siècle; sa lutte contre les ordres de moines avait exercé une fâcheuse influence, non-seulement sur l'étendue de la sphère scientifique qui formait son empire, mais aussi sur la fréquentation de ses écoles.

Au milieu de ces agitations, les deux écoles de droit fondées à Orléans et à Angers, ainsi que les Universités de Montpellier et de Toulouse, étaient devenues des rivales d'autant plus dangereuses pour l'Université de Paris que celle-ci supprima alors l'enseignement des sept arts libéraux pour restreindre le cercle de ses études à la grammaire, à la logique et à la philosophie scolastique; mais, dans ces limites, sa réputation se maintint au point qu'elle put, comme au temps de Philippe-Auguste [1], se comparer à Athènes et à Alexandrie, et conserver son rang à la tête de la science européenne.

Quoiqu'il en fût, la bourgeoisie de Paris, tout en demeurant étrangère aux luttes de l'Université, aux combats des scolastiques et aux vicissitudes de la science, ne prit part à ces querelles que pour se ranger du côté de l'Université [2], et pour livrer aux clercs des combats souvent sanglants, mais sans pour cela se préoccuper des intérêts de la science, dont l'étude abstraite au moyen âge aurait suffi pour l'éloigner.

---

1 Guilelmus Armoricus : de Gestis Philippi Augusti in ser. rerum gallic., XVII, 82 : *In diebus illis studium litterarum florebat Parisiis, nec legimus tantam aliquando fuisse scholarium frequentiam Athenis vel Ægypti, vel in qualibet parte mundi, quanta locum prædictum studendi gratia incolebat. Quod non solum fiebat propter loci illius admirabilem amœnitatem et bonorum omnium superabundantem affluentiam, sed etiam propter libertatem et specialem prærogativam defensionis, quam Philippus rex et pater ejus ante ipsum ipsis scholaribus impendebant.*

2 Conf. la Complainte de Guillaume de Saint-Amour et li Dit de la Descorde de l'Universite et des Jacobins, de Rutebeuf, dans l'édition de Jubinal, I, 70, 151.

L'Université servait peu, en effet, à former à la pratique des sciences dont l'utilité se fait sentir dans les besoins de la vie commune, telle que la médecine.

On pourrait même se demander si la médecine pratiquée à cette époque avait le moindre caractère scientifique, quand on voit que la même personne s'adonnait à la fois aux études de théologie et de médecine, ainsi que le prouverait au besoin Auger de Provins, qui fut à la fois le confesseur et le médecin de saint Louis, ce qui n'empêcha pas, il est vrai, que le roi faillit être enterré tout vivant [1].

Dans les classes inférieures, on n'exigeait guère que de l'expérience de la part de ceux qui exerçaient l'art de guérir ; cela résulterait au besoin de ce que près du tiers des personnes qui s'en occupaient à Paris appartenaient au sexe féminin [2].

[1] Joinville (édit. Petitot), p. 203.

[2] Rôle de taille de l'année 1292. Il y est fait compte de vingt-neuf *mires* et huit *meiresses*.

XLI

La séparation complète de la vie scientifique et de la vie bourgeoise et industrielle, qui, chacune, se parquait en quelque sorte dans des quartiers distincts, donne une assez juste appréciation de l'influence que cet état de choses a pu exercer sur la marche de la civilisation au moyen âge.

L'influence sur les arts qui se reliaient aux études scientiques ne saurait donc avoir eu sa principale source, comme on l'a prétendu, dans les mœurs et les habitudes du peuple de Paris, bien que la grande cité en ait été un des plus vastes foyers. Aussi, n'est-ce pas seulement de cette ville qu'est parti l'essor qu'eut au moyen âge l'art de bâtir et de revêtir ces grands édifices (orgueil des générations à venir) de l'ornementation si riche qui les décore.

Quand nous regardons, par exemple, les mille formes qui couvrent les portails gothiques, qui ornent les arceaux des œuvres extérieures ou enlacent leurs colonnes, on est étonné de l'unité et de la clarté des pensées qui se révèlent dans ces créations plastiques, ainsi que de la généralité des objets qu'elles embrassent; elles sont créées, rassemblées, coordonnées, tout autant d'après un principe scientifique que d'après celui de l'art. Nous y voyons, en effet, s'y dérouler non-seulement toute l'histoire de l'Eglise, les faits saillants de l'antiquité biblique, la vie de Jésus-Christ et les événements du monde chrétien, y compris le jugement dernier, des allégories ingénieuses rappelant les doctrines du christianisme; mais encore ces formes et ces figures reproduisent jusqu'aux animaux; de telle sorte que les tableaux représentent aussi bien la vie des champs et l'activité industrielle que les vertus, les sciences et les arts [1].

On pourrait presque comparer toutes les compositions qui se remarquent dans la plupart des églises du nord de la France à un miroir du monde et de la nature; et, si ce penchant vers les reproductions encyclopédiques et vers les allégories se trouve d'accord avec l'état de la science à cette époque, et si elle reflète les doctrines qui étaient enseignées

---

[1] Conf. Viollet le Duc, Dictionnaire raisonné de l'architecture française, II, s. v. arts.

ou qui dominaient dans l'Université de Paris, on ne saurait cependant les attribuer aux tendances artistiques de la population de la ville.

Au XIIIe siècle, le bourgeois ne comprenait guère ces riches portraits, et prenait souvent pour des mérovingiens et des carlovingiens des figures qui, dans l'esprit des statuaires, représentaient des rois juifs.

Ceux qui, comparant le siècle de saint Louis à l'âge de Périclès, ont indiqué le nord de la France comme le pays où la civilisation du moyen âge s'était incorporée de la manière la plus pure et la plus riche, pour attribuer à Paris la part principale dans le développement de l'art, peuvent néanmoins justifier leur opinion par le grand nombre des édifices qui s'y élevèrent au XIIIe siècle, puisque la plupart des églises sur lesquelles nous avons des données se construisirent ou se rebâtirent dans cette période [1]. Ces chefs-d'œuvre n'ont pas

---

[1] Nous donnons ci-après un aperçu de toutes les constructions qui s'élevèrent à Paris au XIIIe siècle, et nous mentionnons en même temps, parce que généralement ce fut une occasion de les reconstruire, les chapelles et oratoires qui, dans le cours du XIIIe siècle, furent érigés en paroisses.

Dans la *Ville* : Saint-Eustache, fondée vers 1200 sous le nom de chapelle de Sainte-Agnès; Saint-Honoré, batie peu après l'an 1200 par Renold Cheray; les Saints-Innocents, reconstruits sous Philippe-Auguste ; Sainte-Opportune, érigée en paroisse en l'année 1225; Saint-Jean-en-Grève, dotée comme paroisse en 1212 ; les Blancs-Manteaux, dans le voisinage de la rue Vieille-du-Temple, établie sous saint Louis; la maison des chanoines

besoin pour s'expliquer de se rattacher exclusivement au mouvement communal de la France et à

---

de Sainte-Croix, fondée en 1258; Saint-Josse, désignée en 1260 comme paroisse; hospital Sainte-Avoie, fondé en 1288; Saint-Nicolas-des-Champs, érigée en paroisse en 1220, et qui était primitivement une chapelle à l'usage de la communauté de l'abbaye Saint-Martin; abbaye Saint-Antoine, dotée d'une grande église en 1233; les Béguines, dotées en 1264 par saint Louis; les Carmes, fondés en 1259; Sainte-Catherine-du-Val-des-Ecoliers, bâtie sous saint Louis; Saint-Sauveur, érigé en paroisse au XIIIe siècle; hospital de la Trinité, fondé en 1200.

Dans la *Cité* : la reconstruction de l'église Notre-Dame occupe tout ce siècle; la Sainte-Chapelle, 1242; Saint-Symphorien, élevé au XIIIe siècle à la place d'une chapelle de Sainte-Catherine, tombée en ruines; Saint-Pierre-aux-Bœufs, où des constructions sont indiquées au XIIIe siècle.

Dans l'*Université* : c'est au XIIIe siècle qu'ont été bâties les églises de Saint-André-des-Arts, Saint-Côme, Saint-Nicolas-du-Chardonnet, Saint-Etienne-du-Mont. Le même siècle vit aussi faire des constructions à l'abbaye Saint-Germain-des-Prés. L'église Saint-Sulpice fut érigée en paroisse en 1210. Toutes les habitations des ordres nouvellement fondés, Jacobins, Cordeliers, Bernardins, Prémontrés, se rapportent également à ce siècle.

Les conséquences historiques que l'on peut tirer de cet aperçu sont de plusieurs sortes. En premier lieu, nous remarquons le contraste qui existe entre la *Ville* et la *Cité*. Celle-ci, au XIIIe siècle, était déjà la ville du temps passé, ses monuments n'étaient guère l'objet que de reconstructions ou d'agrandissements; la vie active, pour les bâtisses comme pour toutes les relations sociales, se concentrait dans la *Ville*, dont les édifices religieux doivent, à peu d'exceptions près, leur origine à saint Louis. Ce grand mouvement de constructions témoigne assez de la prospérité de Paris au XIIIe siècle. Le peu de respect pour les monuments plus anciens indique une certaine confiance, une

l'émancipation de la bourgeoisie. Si pendant ce siècle bien des chartes municipales ont été conquises, et si bien des villes purent trouver dans leur affranchissement l'ardeur et les ressources nécessaires pour entreprendre des constructions aussi hardies que grandioses [1], il ne faut pas oublier que

sorte de satisfaction de ses propres forces qui n'appartiennent qu'à un âge plein d'activité.

Il est à regretter que tous les historiens n'aient pas encore adopté l'usage d'éclaircir l'histoire d'une ville par ses monuments. Si cet usage était général, les exposés historiques gagneraient singulièrement en animation, non moins qu'en exactitude. Que l'on ne croie pas, du reste, que ce soit seulement dans Paris que ce siècle se soit signalé par un essor extraordinaire et une grande activité dans les constructions. On peut dire la même chose de toutes les villes importantes du moyen âge. Si l'on veut prendre pour exemple la ville de Cologne, on peut dire que l'étude des églises de cette ville, qui, pour la majeure partie, appartiennent par leur architecture à la seconde moitié du XIIe siècle, donne sur l'histoire de cette ville autant de lumières que les documents écrits, et concourt avec ces derniers à bien faire connaître à quel temps se rapporte l'âge florissant de la sainte ville des bords du Rhin.

[1] Viollet le Duc, dans l'ouvrage que nous avons cité plus haut, se pose en défenseur de cette opinion, et trouve dans les cathédrales une protestation énergique contre la féodalité (II, 281). « Où voyons-nous, dit-il, les grandes cathédrales s'élever à la fin du XIIe siècle et au commencement du XIIIe ? C'est dans des villes telles que Noyon, Soissons, Laon, Reims, Amiens, qui toutes avaient, les premières, donné le signal de l'affranchissement des communes; c'est dans la ville capitale de l'Ile-de-France, centre du pouvoir monarchique, Paris; c'est à Rouen, centre de la plus belle province reconquise par Philippe-Auguste. »

L'auteur en induit une corrélation nécessaire entre le nouveau

Paris n'avait pas alors de charte [1], et que sa constitution s'est formée graduellement sur les bases romaines et germaniques, qui ont laissé vivre côte à côte l'élément municipal dans la cité et l'élément féodal dans les faubourgs [2]. Ce n'est donc pas seulement dans une origine unique, ayant Paris pour berceau, que se trouvent les causes du développement de l'art au moyen âge; mais ce grand mouvement est beaucoup plus le produit et le résultat

---

style des cathédrales et le mouvement politique. Toujours est-il digne de remarque que les villes les plus importantes dans l'histoire du tiers-Etat sont en même temps à la tête du mouvement architectural qui a introduit le style gothique, que notamment les années marquées par l'affranchissement des communes, et celles où ont été construites les cathédrales se sont suivies à de courts intervalles. A Noyon, la cathédrale fut commencée vers 1150, le mouvement communal finit par la confirmation de la charte en 1181; à Laon, aussitôt que la paix de 1191 eut mis fin à de longs et sanglants combats, on s'occupa d'élever la cathédrale, dans laquelle M. Viollet le Duc prétend reconnaître des traces de l'esprit turbulent des bourgeois; à Soissons, la confirmation de la charte (1181) et le commencement de la construction de l'église cathédrale sont du même temps. A Rouen, la pensée d'une nouvelle construction apparaît aussitôt que le pays fait retour au domaine royal; et, lorsque la charte est confirmée en 1207, on se met à l'œuvre. On ne saurait nier que ce rapprochement n'ait une certaine signification pour l'histoire de l'architecture gothique; mais, en s'y appuyant d'une manière exclusive et absolue, on pourrait s'exposer à d'étranges mécomptes.

[1] Olim, I, 1046.

[2] Schaffner, II, 584.

de toutes les aspirations comme de toutes les tendances de cette grande époque.

Que le vieux Paris se rassure, néanmoins; il n'a pas besoin d'une réputation usurpée pour conserver la place immense qu'il a conquise dans le passé. Il y a six cents ans comme aujourd'hui, il pouvait déjà, comme la ville géante moderne, revendiquer le titre de capitale de l'Europe, et se dire le centre de la civilisation et de la vie intellectuelle.

TABLE DES MATIÈRES

Pages.

FIN DE LA TABLE.

ERRATA

Page 28, ligne 12 : 1792........... *lisez* : 1292.
— 46, — 5 : Saint-Hadre... *lisez* : Saint-Ladre.

Achevé d'imprimer pour la première fois
chez A. HÉRISSEY, à Evreux, pour A. AUBRY, libraire à Paris,
le VII janvier M DCCC LX.

XVIIe VOLUME DE LA COLLECTION.

www.ingramcontent.com/pod-product-compliance
Ingram Content Group UK Ltd.
Pitfield, Milton Keynes, MK11 3LW, UK
UKHW022100260726
13993UKWH00001B/229